VIVIR EN PAREJA

un proyecto de vida conyugal para nuestros días

Manuel Iceta

ediciones sm Joaquín Turina 39 28044 Madrid

Duodécima edición: abril 1996
Decimoquinta edición: diciembre 2001

Diagramación: José González
Cubierta: Alfonso Ruano

Comercializa: CESMA, SA - Aguacate, 43 - 28044 Madrid

ISBN: 84-348-2306-3
Depósito legal: M-48011-2001
Preimpresión: Grafilia, SL
Impreso en España / *Printed in Spain*
Imprenta SM - Joaquín Turina, 39 - 28044 Madrid

A mis amigos, los matrimonios

Y a Carmenchu y Jesús María,
Marián y Víctor,
Isabel y Juan Carlos.
A María.

El modo de ser cristiano es muchas veces un choque violento con una mentalidad diversa de concebir el amor, la vida, al ser humano, su destino.

CONFERENCIA EPISCOPAL ESPAÑOLA
Matrimonio y familia, hoy (Julio 1979)

Índice

Pág.

INTRODUCCIÓN ... 11
1 Amor conyugal: sus impulsos ... 17
2 Amor conyugal: sus componentes ... 29
3 Amar lo que el otro ama: amigos y expansiones comunes .. 41
4 La crisis y las crisis ... 49
5 El matrimonio: sacramento - vocación - celebración ... 69
6 Psicología del hombre y de la mujer ... 91
7 Sexualidad ... 103
8 Fecundidad. Un trabajo común ... 125
9 Diálogo conyugal ... 133
10 Oración conyugal ... 145
11 Educación de los hijos: Principios comunes. Despertar de la fe en la familia ... 153
12 Fidelidad. Un proyecto común y el de Dios ... 175
EPÍLOGO: Lo mejor es para ti ... 183

Prólogo a la sexta edición

Después de ocho años de andadura, vuelvo a ofreceros **Vivir en pareja** *en edición corregida y aumentada.*

Atendiendo a numerosos requerimientos, he añadido nuevos capítulos, sintetizado otros, e incorporado, a lo largo de los temas, cuestionarios para las reuniones de grupo y para el diálogo de las parejas.

Son muchas las parroquias donde la preparación al matrimonio se realiza en grupos, con un monitor, preferentemente pareja. Son numerosos los grupos jóvenes que están pidiendo una reflexión sobre el matrimonio. Los grupos más maduros pretenden también una renovación.

A todos ellos ofrezco este trabajo. Los cuestionarios pueden ser a la vez una iniciación en el diálogo conyugal y una base para el trabajo de los grupos. Con esa intención los inserto. He intentado evitar la reiteración de los planteamientos, aunque no siempre me ha sido posible.

Mi único deseo es serviros de ayuda. Si para alguien lo es, ¡lo celebraré!

Introducción

La conyugalidad es un hecho nuevo. Una aportación feliz de los cambios culturales y de la dinámica interna de la evolución. El matrimonio está dando un viraje de 180°. Me bastan, por suficientes, dos razonamientos:

— Hasta no hace mucho tiempo, el matrimonio era un arreglo de los padres. Existen aún pueblos en la tierra en los que el hombre compra a su mujer, de acuerdo con sus cánones culturales. Hoy día, y demos gracias a Dios por ello, chicos y chicas tienen unas posibilidades de elección, una libertad de opción, muy grandes. Posibilidad de relación, de conocimiento mutuo... que nos recuerdan por contraste las «carabinas» de antaño.

— Hasta hace muy poco, incluso todavía, la relación hombre-mujer estaba marcada por la prepotencia del varón. La mujer no tenía acceso a la cultura, ni a las responsabilidades. Carecía de derechos. Era sierva. Todo esto cambió. La paridad sociológica entre hombre y mujer parece cercana

Hombre y mujer pueden vivir hoy como pareja, de una manera bien distinta a como lo hicieron hasta ahora. Hasta estos tiempos, habrán existido matrimonios muy buenos, matrimonios incluso admirables, pero la forma de concebir la convivencia en esa situación de desnivel no puede ni parecerse a las posibilidades que una pareja tiene hoy. Cuando oímos decir que los jóvenes hoy desechan el matrimonio, que lo consideran una institución caduca; cuando les oímos decir que buscan otro modo de vivir en pareja, tenemos que darles la razón si eso significa el rechazo de una forma de convivencia que parte de presupuestos culturales que no son los de hoy. Y tenemos que ver con gozo que el ideal maravilloso del amor, de la donación mutua del hombre y la mujer está apenas asomándose a un horizonte cuyas perspectivas difícilmente podemos alcanzar.

Estas páginas quieren ser una aportación a la conyugalidad.

Están escritas por un sacerdote. Pero están primero leídas en el corazón de muchos jóvenes, de muchas parejas que han emprendido este largo viaje, esta aventura cada día insospechada de vivir en pareja. Estoy seguro de que pronto seréis vosotros, mis amigos, los que, a partir de vuestras vivencias, las corregiréis y ampliaréis.

Las escribo con humildad y con sencillez. Quiero mostraros una luz que os pueda atraer con su fuerza irresistible. Una luz que no la he visto completa en una sola pareja. Cada pareja es un dinamismo hacia la plenitud. Pero los destellos de tantas parejas como he amado me lo han hecho ver. Ojalá que mis reflexiones os ayuden, os inspiren.

Y quiero partir de un acto sincero de fe: creo en el ser humano. Creo en la pareja, a pesar de todo. Y no lo digo como tópico, ni como un acto obligatorio. Creo en el ser humano y creo en la pareja porque los he conocido, porque los he amado. Y creo en ese Dios, eterno desconocido de los humanos, que nos ha llamado al amor, a la libertad, a la verdad. Y creo en Él porque lo he conocido, porque lo he amado. Este acto de fe es un presupuesto.

Una doble aclaración

1 La vida de la pareja no termina en ella misma

Y esto lo digo saliendo al paso de una doble tentación:

- *La de repliegue sobre sí mismas, que viven muchas parejas como dinámica defensiva ante los embates del exterior.*

• *La de reducción a un puro subjetivismo, en contradicción con los cambios culturales marcadamente comunitarios o socializantes, que pretende hacerlo depender todo de un derecho exclusivo tuyo y mío y de nadie más, que a la larga lo hace pender todo de unos sentimientos, del* Me gusta *o* No me gusta.

La realidad del matrimonio hay que leerla desde cuatro claves, desde cuatro perspectivas. Y debemos huir de las simplificaciones. Creo que son:

a) *La relación del hombre y de la mujer. Su convivencia propia.*

b) *La relación familiar. Y no sólo los hijos. ¿Cómo justificará nuestra generación la situación a que ha relegado a los ancianos?*

c) *La relación con la Iglesia, comunidad de comunidades, en la que se entronca esta comunidad, primera célula, que es la familia, y en ella la pareja creyente. Es el lugar de Dios: comunidad de amor, escuela de amor, principio y fuerza del amor.*

d) *La relación con los hombres todos, con la sociedad. Y quiero decir con esto que los hogares deberán estar cada día más abiertos al pluralismo de la sociedad, y concebirse cada vez más como un proyecto abierto hacia la sociedad.*

Son cuatro perspectivas y todas son imprescindibles. Quería tenerlas presentes. A todas ellas me referiré a lo largo de estas páginas, aunque su contenido esencial se ciña a la primera.

2 Hacia una espiritualidad conyugal

La razón de esta segunda aclaración proviene de la necesidad de recuperar el sentido de la palabra **espiritualidad.** *Es uno de esos términos caídos en desgracia por haber sido mal interpretados o mal usados. Pero con una gran riqueza de contenido en sí mismo.*

Se la ha identificado con misticismo. *No con la mística, sino con misticismo entre comillas, como algo opuesto a compromiso, como queriendo decir que se vive en las nubes, eludiendo la realidad.*

Si vamos a hablar de vivir en pareja, del hecho radical de querer encontrar la identidad propia, la razón de ser del quehacer cotidiano, en el hecho de vivir a dos, de estar casado o como lo queramos decir, en definitiva vamos a hablar de espiritualidad conyugal en contraposición a espiritualidad individual.

Quisiera, pues, recuperar su sentido profundo. Y ¿qué significa espiritualidad?

- *La espiritualidad es la orientación que se le da a la vida a partir de unos valores trascendentes. En este sentido podríamos decir que carece de espiritualidad una vida cuyos intereses sean exclusivamente materialistas o de tipo hedonista, o los dos a la vez, que es el gran peligro de la civilización occidental. Tendrá una espiritualidad toda vida que esté orientada a partir de la trascendencia, de la aceptación de Dios.*
- *La espiritualidad determina también el* modo de mi relación *con Dios, con los demás; en una palabra, con el otro. Lógicamente hay tantos modos de espiritualidad como personas, aunque tradicionalmente en nuestra Iglesia estén englobados en unas grandes corrientes que han ido surgiendo a lo largo de los siglos, a partir de carismas determinados.*
- *Difícilmente entenderíamos una espiritualidad si prescindiéramos de sus grandes componentes: la* ascética *y la* mística*. Son los parientes pobres. También desprestigiados y olvidados. También a redescubrir.*

> *La* ascética*, o el esfuerzo por eliminar o superar todo lo que pueda significar un obstáculo para que yo pueda hacer verdad en mi vida esa orientación que le quiero dar.*
>
> *La* mística*, a la vez esa* luz *irresistible hacia lo que oriento mi vida, luz lejana, utópica, pero que es la razón profunda a la que tiendo; a la vez ese empeño porque sus destellos sean realidad en mi vida.*

Nuestra civilización vive un vacío de mística. La técnica, la ciencia, el progreso no han llenado el corazón del hombre. Y sin mística no podemos vivir. Es resignarnos a vivir sin ideal, sin ilusión, sin esperanza. Es abandonarnos a la resignación, al vacío, a la desesperanza.

En resumen, una espiritualidad comprende el sentido que se le da a la vida, el modo de relación con el otro, una ascética y una mística.

Pero si damos un nuevo paso y queremos entender lo que significa una espiritualidad conyugal, nos enfrentamos con una gran dificultad: hemos sido educados en una espiritualidad individual cuyos principios eran: Acuérdate de que vas a morir *y* Tienes que salvar tu alma. *Todo girando en torno a mi* yo, *por si fuera poco nuestra preocupación por nosotros mismos.*

Una espiritualidad conyugal intentará orientar la vida a partir del hecho de vivir a dos; marcará la relación con el otro a partir del hecho de vivir a dos; orientará su ascética a superar todo aquello que impida vivir a dos;
encontrará en el ideal del amor
humano, del amor humano en Jesús, la fuerza
y la luz, la ilusión y la esperanza.

¿Y qué será del yo? Tendremos que aplicarle la ley del Evangelio, la ley del grano de trigo que muere. Resucitará, alcanzará su plenitud, porque tanto más soy yo mismo cuanto menos yo soy.

La espiritualidad conyugal, hablando en términos de Evangelio, será ese proceso por el que el «hombre viejo» tiende a morir. De la muerte de ese yo, del tuyo y del mío, surgirá el ***nosotros,*** *la comunión de amor entre los esposos, cuya fuerza es el mismo Dios, y de este* nosotros *nacerán un hombre nuevo y una mujer nueva, un nuevo ser en plenitud.*

Estos planteamientos serían el punto de arranque. Como en un abanico, quisiera explicitarlos a lo largo de estos doce capítulos que siguen.

1
El amor conyugal

Sus impulsos

Nunca terminaremos de reflexionar sobre el amor. Hacerlo nos ayuda a enriquecer cada día su vivencia. El amor es un largo caminar. Un océano que no terminaremos de descubrir. Un misterio que está en la raíz de nuestro ser, que hace apasionante nuestro existir. Que empieza en el «me gusta» del primer flechazo en la adolescencia y que no termina sino en esa última ofrenda de la muerte, en que por amor entregaré a mi Dios ese suspiro que me lleve a la VIDA.

En esta primera reflexión sobre el amor conyugal, me referiré a sus impulsos, a sus diferentes «rostros». Impulsos que lo definen, en su conjunto, entre tantas otras formas del amor.

Para entender el amor conyugal desde sus impulsos, deberíamos sumergirnos en esa asombrosa escuela de amor que es la vida comunitaria de nuestro Dios, a la escucha de su palpitar. Deberíamos, por otra parte, saborear ese impulso irresistible que le hace amarnos a cada uno de nosotros, y que está en la fuente de nuestra vida.

Y así, desde esta luz, podríamos decir que amor conyugal es:

1 Aceptar al otro tal y como es

Supone vencer esa gran tentación, que está en todos, de querer hacer al otro a nuestra imagen y semejanza, anulándolo, sometiéndolo. Reducirlo a ser lo que «yo siempre había pensado que fuera mi mujer» o lo que «yo siempre pensé que tendría que ser mi marido».

Demasiadas veces, por evitar conflictos, por ahorrarnos esas pequeñas «muertes», esas pocas lágrimas del buscar juntos, renunciando a posiciones que consideramos inalterables, uno de los dos sucumbe, se convierte en la sombra del otro. Nos condenamos a repetir con tristeza la vida, aceptando esas otras lágrimas que tienen el sabor amargo de ser para siempre. «Si me obligas a responder a tus sueños, a tus obsesiones, a tus necesidades... ya no somos dos que caminan unidos, que crecen juntos, que saborean el gozo de la victoria del amor sobre los pequeños egoísmos.» «Déjame quererte tal y como eres; quiéreme tal y como soy.»

Aceptar al otro tal y como es, con sus grandezas y sus miserias, sus manías y genialidades, con sus limitaciones y humores, es amarlo. Esperar para amarlo a que sea lo que yo quiero que sea, es amarme tan sólo a mí mismo, es quererlo para mí. No es amar.

Aceptar al otro tal y como es no es hacer pasar por bueno lo que es menos bueno, ni resignarse a arrastrar durante años unas mismas deficiencias. Es trabajar con el otro en superarlo, en vencerlo, poco a poco. Es esforzarse por llegar juntos a conseguir una plenitud en la que cada uno es plenamente él mismo a partir de sus raíces. Es saber morir juntos a lo «viejo» y resucitar a lo «nuevo».

Aceptar al otro tal y como es, significa no decir «me lo sé de memoria», «ya sé todo lo que me pueda decir». Es creer en él y esperar de él. Es aceptar ese dinamismo interno de toda vida que nos hace insospechados cada día. Es asumir la realidad cambiante del otro, impensada tantas veces.

2 Darse

Amar, sobre todo, significa darse sin reservas, sin interrupciones, sin querer recuperar cada día una parcela de un don que una vez lo hice total.

Un don que tú haces de *de ti mismo* al otro. Por ninguna razón que lo motive. De un modo gratuito. Simplemento lo amas. Te das.

No nos cuesta ser generosos, hasta elegantes, dando cosas: regalos sofisticados, obsequios deslumbrantes... Nos cuesta darnos. Pero es el gran reclamo del amor: «No quiero tus cosas, te quiero a ti: todo tú, sólo tú». «Mi padre, decía aquel muchacho, lo daría todo por mí, pero nunca tiene diez minutos para darme...» Amar no es dar cosas. Es darte tú.

Darse uno mismo es una actitud profunda en el ser que renuncia a vivir en función de sí, que abre sus puertas y es capaz de arriesgar intimidad, que está atento al otro, a su escucha y lo acoge. Que busca la felicidad del otro.

Os llamaría la atención sobre tres signos de veracidad de este don:

La palabra

Observad que al enfadaros es lo primero que os negáis: dejáis de hablaros. Habéis cerrado las puertas y os replegáis en vosotros mismos. Sin embargo, cuando te dices y abres tu corazón en las pequeñas y en las grandes cosas, te das.

El encuentro sexual

Cuando, más allá de satisfacer las necesidades, quiere expresar y ser signo de tu ofrenda al cónyuge y de su aceptación. Si te niegas fácilmente por cualquier pretexto, si rara vez surge de ti la solicitud, ¿dónde está tu don?

La respuesta

A esas peticiones verdaderas del otro. Si estás atento, las descubrirás, y si eres capaz de darte, las responderás en tu medida. Te estás dando.

Después, los pequeños o grandes obsequios, recobran toda su significación.

El amor hace siempre referencia a la vida. El don es lo que hace vivir, lo que nos ayuda a ser.

Si nosotros somos, si existimos, es porque nuestro Dios es, antes que nada, *El-QUE-SE-DA.* Él es el amor.

Y entre nosotros es lo mismo. Y no sólo porque os dais surgen a través de vosotros nuevos seres, vuestros hijos. Cada uno de vosotros **sois, existís,** en la medida en que cada uno hace don de sí al otro. Todos tenemos esa experiencia de que es el amor que se nos da lo que nos hace ser.

Tu don es lo que le hace ser al otro, y cuando le niegas tu don, le estás negando el ser al otro. Y yo sé que como esposos me entendéis. Porque ¡cuántas veces, por las mil bobadas de la vida, niegas tu don y, al negarlo, le niegas el ser!

Recuerdo una vez. Me llamaban desde lejos, por teléfono. Me habló primero el uno, después la otra. A solas. Tenían uno de esos problemas. Y estaban tristes, preocupados, por una de esas pequeñas cosas en las que a cada uno le cuesta morir un poco de sí mismo. Y estaban distantes el uno del otro, llevaban algunos días sin hablarse. No eran ellos, no eran los que yo conocía, siempre risueños y enamorados. Los escuché, les dije esas cosas que se dicen en esas ocasiones. Pero, por fin, ellos hablaron entre sí, resolvieron, cediendo cada uno un poco, sus problemas. Y, a los pocos días, me volvieron a llamar, y me hablaron los dos a la vez, cada uno en un teléfono. Os aseguro que cada uno era un ser distinto. ¿Por qué? Cada uno había hecho de nuevo don de sí al otro, y al acoger cada uno el don del otro, habían vuelto a vivir. Porque es el amor el que hace ser.

Os propongo dos reflexiones concretas para ver hasta qué punto ese don que un día fue total del uno al otro, sigue vivo. Sin mermar.

- La primera me la sugiere esa expresión, *Yo os amé el primero,* de nuestro Dios en la Escritura. ¿Quién es el que da el primer paso, el que se da el primero, el que se acerca, el primero que está dispuesto a olvidar, cuando algo no va? ¿Cuántas veces eres tú el primero?

• La segunda sería preguntarte si alguna vez le has dado todo en las cosas pequeñas. Si has dado *todo* el tiempo de que disponías en esa tarde, si has renunciado a *todo* en ese caso, si le has dado *todo* lo que te pedía, si...

3 Acogerse

Si el amor es darse, amar es también acoger el don del otro. El don que tú me haces de ti mismo, yo lo acojo en mi ser. Y el don que yo hago de mí mismo, tú lo acoges en tu ser. Y cuanto más me amas, más limpia y transparentemente lo acoges. Sin prejuicios, sin sospechas, vacío de ti mismo. ¡Capacidad siempre dispuesta a ser colmada! ¡Oportunidad permanente!

Pero tal vez, al darle la vuelta, al pensar en el «no acoger», lo entendamos mejor. Todos tenemos esa experiencia, la penosa experiencia que vive más que nadie nuestro Dios al ver que le cerramos tantas veces la puerta; esa experiencia, digo, de querernos dar y de que no se quiera acoger nuestro don. La experiencia dolorosa de no saber qué le pasa al otro, o al hijo, y por más que te acercas, te huye, y por más que le quieres hablar, te rechaza, y por más que le quieres expresar signos, no los quiere entender...

Acoger ¿qué? La respuesta es simple: la persona del otro, en cada momento de su vida. Es el *tú* lo que debe ser acogido, lo que necesita ser acogido. Día a día, hasta el fin. Es el simple hecho de tomarse de la mano antes de dormir, o de mirarse en los ojos para descubrir ese *yo* débil del otro que suplica.

Porque oculta un misterio tan grande, se expresa en cosas bien pequeñas. Es el valorar lo que dice y lo que hace, sentir orgullo de tenerlo al lado, es el desear su presencia. Es la aceptación de sus opiniones, por pequeñas que sean, siendo discretos al enmendar, sin negarlas por sistema, en especial ante los demás. Y la aceptación de sus narraciones, sin corregirlas continuamente.

Es la aceptación de su realidad corporal, con sus procesos y dolencias, con sus deficiencias y envejecimiento.

Es descubrir bondad en sus respuestas. ¿Puede ser que, a veces, hasta la bondad del otro nos moleste?

Hay dos pequeños y diarios signos que expresan el acogerse. Uno es al despertaros cada mañana, cuando el amor empieza a reconstruirse. Otro es cuando, después del trabajo cotidiano, os encontráis. En esos momentos, aunque sea un instante, ¿sois de verdad el uno para el otro? O primero es lo tuyo, tus desahogos, tus necesidades, tus agresividades...

Os invitaría a despertar, a hacer crecer en cada uno el deseo del otro, el deseo de lo mejor del otro, el deseo de su presencia, el deseo de recibirlo, de acogerlo, de guardarlo, de saborearlo.

Cada uno podría escuchar como dichas por el otro las palabras del Señor: «Mira que yo estoy a tu puerta y llamo. Ábreme y cenaré contigo y tú cenarás conmigo» (Ap 3,20).

4 Gratitud

Una nueva riqueza, un nuevo impulso en la vivencia y en la expresión del amor es el descubrimiento de la gratitud. Cuando acojo en mí tu don, brota de mi ser un nuevo amor, distinto, con una significación peculiar.

Es la gratitud por todo lo que tú has significado para mí. La gratitud porque me has amado tanto. La gratitud por todo lo que has llegado a despertar en mí; porque, sin duda, sin ti mi vida habría sido otra; sin ti no hubiera llegado a la plenitud que alcancé.

La gratitud, en fin, por la dicha de haber sido el recipiente de tu don.

Aunque de hecho muchas veces actuáis por gratitud, pocas veces os la expresáis. Pocas veces os detenéis a pensar en todo lo que el otro ha sido capaz de hacer por ti a lo largo de la vida, en todo lo que ha sido capaz de renunciar, en los esfuerzos, en los sacrificios, en las superaciones, en esas mil cosas que han contribuido a tu dicha, te han llevado a plenitud. Y si pocas veces las pensáis, menos las decís. ¿Por qué no intentarlo alguna vez?

Sorprende a veces veros distanciados el uno del otro por un pequeño incidente. Algo muy pequeño ha sido capaz de eclipsar todo un horizonte de dedicación y de entrega. Tal vez es porque somos así...

La gratitud, el reconocimiento por todo lo que habéis recibido el uno del otro estará en la raíz de la sencillez y de la humanidad del uno ante el otro. Del respeto. De esa pobreza radical que os hace a cada uno necesitar al otro para vivir.

Un cristiano es aquel que ha entendido tan bien el *Tanto nos amó Dios, que nos dio a su Hijo,* que no puede obrar de otra manera que buscando lo que a Él agrada. Para quien ha entendido y saboreado lo que es el amor de Dios sobre él, toda su vida será una respuesta de gratitud, una respuesta de acción de gracias... Porque se me ha amado tanto.

El amor de gratitud, de acción de gracias, nos impele con su fuerza a buscar, a saborear, a realizar lo que al otro agrada. Convencidos de que, en definitiva, cuando sinceramente respondéis a lo que hay de mejor y de más profundo en la petición muchas veces tácita del otro, le estáis también agradando a Él. La gratitud, lo gratuito, es la gracia en esta vida. Lo realmente gratificante.

¿Qué sería yo sin ti, que viniste a mi encuentro?

¿Qué sería yo sin ti, más que un corazón dormido en medio del bosque,
más que una hora que se pasa en la esfera del reloj,
qué sería sin ti, más que un balbuceo...?

Todo lo he aprendido de ti sobre las cosas humanas,
y he visto hasta ahora el mundo a tu manera.

Todo lo he aprendido de ti como si bebiera en la fuente,
como si leyera en el cielo las estrellas lejanas,
como si repitiera la canción del que pasa cantando a mi lado.

Tú me has tomado de la mano en este infierno moderno
donde el hombre ya no sabe qué es ser dos.

Tú me has dado la mano como un amante feliz.

LOUIS ARAGON

5 Comunión

La comunión es la forma más alta de unidad que puede darse entre nosotros. La comunión resulta de que en Jesús somos uno. O como decían otros: «Yo soy tú y tú eres yo».

De todos modos, la comunión brota de ese flujo del darse y del ser acogido, que provoca un nuevo don. Mutuamente, porque no hay comunión si el movimiento no es recíproco.

Yo quisiera ver la comunión como algo más que la culminación del amor conyugal. La comunión de hecho es el gran don que la pareja puede ofrecer. La fecundidad no será otra cosa que la llamada a un nuevo ser a participar de la comunión.

Y su educación, hacerle entrar de alguna forma en esa comunión de amor de los padres. Y la amistad, esa ofrenda, que se hace al amigo de la comunión. Y la oración, dejarla brotar. Y el compromiso será la explicitación de ese impulso irresistible de toda comunión a convertirse en don.

La comunión es el gran don de la pareja a sus hijos, a la familia, a la Iglesia, a la sociedad.

Más que de los alimentos, o de la medicina, o de los vestidos, tienen vuestros hijos necesidad de que os queráis, de saber que os queréis (tienen que saberlo), de participar en vuestro amor.

Más que del vaso de vino, o del café, o de la cena, o de vuestro trabajo, o de vuestra generosidad en compartir, tienen vuestros amigos necesidad de sentir el calor de vuestro amor.

Es la presencia del Espíritu, por el sacramento, la que fortificará, hará estable y fiel, dulce y dichosa vuestra comunión. En Él sois uno.

A veces os puede parecer lejana teoría lo que de hecho es realidad. Posiblemente en vuestra propia vida, a pesar de todo. Se trata de ser conscientes de estas cosas que son sublimes, es verdad, pero que si las pedimos, las buscamos y las cuidamos resulta que llega un día en que son verdad en nosotros. A veces somos los últimos en enterarnos.

Sin duda que el amor conyugal es mucho más. ¡Hay tantas connotaciones en él! Es elección. Es llamada. Es fuente de libertad. Es dicha. Es fidelidad...

Creo que esta reflexión es suficiente para ahondar en nuestro propósito de pintar un boceto de la espiritualidad conyugal.

CUESTIONARIO

1 Para la reunión de equipo

1 Entre las cosas que más os hayan interpelado en este tema como pareja, entresacad tres y preparad un comentario.

2 Estos cinco impulsos parecen abarcar el amor conyugal. ¿Cuál os parece el más importante? ¿En cuál se falla más, en general? ¿Qué otros impulsos añadiríais?

3 «Estar a la espera de que me adivinen y estar a la *caza* del otro son cosas cercanas.» Comentadlo. ¿Ocurre entre vosotros? ¿De qué forma?

4 «Lo que más feliz me hace en mi vida en pareja es que él *sea*, y lo que más me hace sufrir es ver que *no es.*»

— *¿Qué os parece este sentimiento?*

— *¿Qué es lo que como pareja más os hace felices o todo lo contrario?*

— *¿Sois cada uno consciente de lo que le ayuda al otro a ser? ¿Por qué no lo concretáis entre los dos? Os lo decís y, si queréis, lo compartís con el grupo.*

5 Compartid si os ha sido fácil el diálogo conyugal al estudiar el tema, y luego, el responder al cuestionario. Es bueno que pongáis en común vuestras dificultades para ver si son comunes.

6 Pregunta que no hace falta preparar. Para al final de la reunión, una vez escuchadas todas las parejas: ¿qué conclusiones sacáis? Intercambiad entre vosotros y concretad alguna cosa como denominador común.

2 Para el diálogo de la pareja

1 No es fácil plantearse en pareja algunas cosas. Pueden incluso, a veces, provocar discusiones y enfados. Por eso os pido que al empezar vuestro diálogo dispongáis corazón en una actitud de sencillez y de acogida del otro, dispuesto ante todo a agradarle. Sería bueno que hicierais, si os es posible, una oración al empezar.

2 Leéis la pregunta, guardáis silencio para pensarlo cada uno y luego la comentáis:

— *¿Hasta qué punto cada uno os consideráis amados* tal y como sois *por el otro?*

— *¿En qué cosas creéis que no lo sois?*

— *¿Tienes la sensación de tener que estar acoplándote a los sueños e ilusiones que el otro se había hecho de ti? Señala a qué cosas os referís.*

3 ¿En qué actitudes y detalles de la vida cada uno ve que el otro es real-

mente un don para él? Concretadlas y decíroslas.

4 ¿En qué cosas os sentís cada uno bien acogido y no suficientemente acogido? Estad un tiempo en silencio, pensadlo y comentároslo después.

5 La comunión es el gran don de la pareja a los demás. Los demás, hijos, amigos... ¿son conscientes de que os queréis? ¿Dais a veces una sensación distinta de la real?

2
El amor conyugal

Sus componentes

Premisas

Entre todas las formas del amor humano, el amor conyugal tiene carácter de síntesis. Las sumas todas. Tal vez por eso:

- Es la imagen de Dios, comunidad del amor: «Hombre y mujer los creó, a su imagen los creó» (Gén 1,27).

- Es la forma del amor humano que Dios escogió primero para darnos a entender su amor por nosotros: la humanidad (la Iglesia) es la esposa. Luego, en el Hijo, nos transmitió la gran revelación de su paternidad.

- Es el sacramento de su amor personal, de su ternura. El amor conyugal se constituye en la presencia del amor de Dios. ¡Nuestro buen Dios sigue encarnándose en nuestra pobreza de hombres!

Este carácter de síntesis, este sumar todas las formas del amor y la elección privilegiada de que ha sido objeto por parte del Creador, constituyen la *grandeza* del amor conyugal.

Pero hay algo que relativiza el amor conyugal: el otro es un don que Dios me hace. Antes de escogernos ya éramos. El ser lo hemos recibido de Dios. Antes de conocernos y amarnos ya éramos amados. Dios nos amó el primero.

- El otro no es un absoluto. Sólo Dios lo es. Como dice Isaías: «Tu esposo es tu Creador». El otro es una imagen del amor de Dios, un camino hacia Él, a la vez que presencia y compañero. Un don que se me hace, que debo ayudar a llegar a plenitud.

- El otro es «el otro». No es mis sueños. No puedo reducirlo a ser mi propia imagen y semejanza, ni puedo poseerlo. El otro no puede ser una respuesta a mis necesidades, sin más, ni puedo amarme a mí en él, sin más, como quien frota el otro para acariciarse a sí mismo.

Sé que es una simplificación decirlo, pero me gusta comparar el amor de los esposos con el agua, que se compone de dos elementos: hidrógeno y oxígeno. Y que a la vez contiene otros muchos minerales, sales... Así el amor conyugal, además de otros varios componentes, está configurado por dos elementos.

La ventaja de las simplificaciones en este tipo de reflexiones es que nos permite centrar la atención en aspectos esenciales de la realidad humana. Porque a menudo se dice que «hay que cultivar el amor», «hay que recrearlo», «inventarlo cada día», «permanecer en él»... Pero eso, ¿cómo se hace? Al determinar estas realidades, podemos empezar a trabajar en puntos concretos, y unas cosas nos llevarán a otras, nuestra percepción de la realidad se irá abriendo, y nuestras inhibiciones, disipándose.

¡Cuántas veces buscamos diagnósticos complicados a las situaciones personales, respuestas complejas a los *porqués* de determinadas conductas! Deberíamos habituarnos a buscar primero las soluciones simples. La mayor parte de las veces, acertaríamos.

Y así nos adentramos en estos dos «elementos» que componen el amor conyugal:

1 La admiración

El flechazo suele empezar ahí: «Algo he descubierto en ti». Los (las) demás suelen decir: ¿qué habrá visto? «Me fijé en sus ojos, en su manera de hablar, en sus manos...» «Me cautivó su manera de ser, su serenidad.» «Al principio, me caía fatal, pero poco a poco fui descubriendo que...»

Mientras hay admiración, hay amor. Si la admiración va dejando paso a la indiferencia y luego al desprecio, se va destruyendo el amor. Comprometerse con una mujer, con un hombre, de por vida, significa antes que nada comprometerse a mantener viva la admiración del otro por uno mismo, más allá de cualquier «venta de fachada» de cualquier afán de «impactar al personal», imposibles, por otra parte, en el roce y la convivencia diarias.

Si queremos «permanecer en el amor», si queremos mantener encendida la llama sin la que no es posible vivir deberemos mantener viva la admiración recíproca en valores que, poco a poco, irán transformándose al correr de los años en ese empeño creativo de vivir responsablemente nuestra existencia. Para ello:

— *Cultivarse, cuidarse.* Uno no puede abandonarse en ningún estado de la vida, y menos en el matrimonio. Cultivarse como persona, en todas sus dimensiones. En el aspecto corporal, en lo espiritual, en lo erótico, en lo cultural, en lo sexual, en la conducta, en los valores. En una palabra: no cansarse de «construirse».

Ese cultivo, sin desfallecimientos, es lo que nos hace ser cada día «nuevos» para el otro, lo que nos impide cansarnos. En ser capaces de «estar en pie», incluso cuando hemos caído y fallado, que es inherente a la condición humana, pero comprensible y asumible por vivir en una dinámica habitual de crecimiento. Por eso, a la vez, despertamos en nosotros la capacidad de tomar nuevas opciones, esa paciencia existencial que está en la base de la «salvación» del otro, y nos negamos a etiquetarlo, dándole una y otra vez la posibilidad de seguir adelante. Seguimos creyendo en él. Nos damos mutuamente la posibilidad de ser cada día «nuevos» en la salud y en la enfermedad, en la prosperidad y en los fracasos...

Cultivarse significará, sobre todo, ir transformando la propia conducta para dar respuesta a las necesidades verdaderas del otro; ir suprimiendo lo que es insufrible y, cada vez más certeramente, hasta las cosas más pequeñas que pueden herir al otro o hacerle sufrir.

Cultivarse es un trabajo, un esfuerzo cotidiano. Es nuestra parte en la obra de la creación, y debe sumarse a la acción de Dios que lentamente transforma nuestro ser y lo va llevando a plenitud. Ambos «trabajos» mantienen despierta, viva y creciente la admiración. ¡Nunca terminaremos de conocernos! Estamos abiertos al misterio.

— *Mirarse con amor.* Poner bondad en los ojos y en el corazón al mirar al otro, al pensar en él. En la medida en que el otro sea para mí un *tú,* y no un objeto, seré capaz de mirarlo en el día a día, de pensarlo con amor. Y no con dolor, con resentimiento e incluso con ira.

Así, por ejemplo, en el encuentro de la tarde: De pensar: «Ahí estará ese rollo de mujer que me ha tocado, ¿por dónde me saldrá hoy? Tendré que cargarme de paciencia porque ya más tarde no puedo llegar...». O: «Ya llega ese pelmazo ¿Qué impertinencias me tocará soportar hoy?... Pero me va a oír». A pensar: «Ahí estará esperándome, cansada del día. ¿Qué haré para contentarla?...». O: «Ahí llega; vendrá cansado, preocupado... ¿Cómo podré aliviarle?» De pensar de una forma u otra, hay un abismo. Es la diferencia que existe entre vivir encerrado en mí mismo o vivir desde el amor, abierto al otro.

La admiración supone el mirarse con amor. Para comprenderlo tendríamos que hacer una doble reflexión: una activa y otra pasiva.

• Activa: Sólo cuando miramos con amor, podemos ir descubriendo lo que hay de mejor en el otro, y lógicamente irlo admirando más y más. Pero para reconocer un valor que está fuera de nosotros nos hace falta una generosidad y un olvido de nosotros mismos, una bondad, que no nos son espontáneos. Diría que lo habitual es que no nos maravillemos del otro. Recordamos con más facilidad que ronca, o cómo es al despertarse, desgreñado. ¿Somos capaces de reconocer algo distinto de nosotros mismos?

En la medida en que reconocemos positivamente lo que hay de mejor, disculpamos fácilmente lo que hay de menos bueno.

No basta con descubrirlo. Hay un paso más, que es decirlo. En la medida en que la verdad, la bondad y la belleza del otro se van haciendo patentes para mí, se lo digo. Decir el bien del otro es bendecirlo, es la alabanza. Es un gesto gratuito, es una alta perfección que mantiene despierto el amor. ¡Cuanto más bendigo, más motivos se me dan para seguir bendiciendo! Es a la vez una profunda terapia que me va ayudando a conseguir el silencio de mi *ego.*

● Pasiva: Es una ley de la naturaleza entera: «El ser humano descubre lo que hay de mejor en sí mismo, cuando un mirar contemplativo, un mirar de amor, lo desvela y se lo dice». ***¡Yo soy** en la medida en que tú me reconoces!* En la medida en que me siento *ser,* soy capaz de ir desplegando todas mis posibilidades, de irte dando permanentes motivos de admiración, de dejar crecer nuestro amor.

Aquí hay un secreto. Uno ve parejas que se potencian el uno al otro, que valoran positivamente lo que el otro hace y dice, sus actitudes, sobre todo ante los de fuera. Esas parejas *son.* Son personas, son felices. Por el contrario, se ven parejas que no se potencian, que no se valoran: basta que el otro abra la boca para escuchar una contradicción, una corrección, una minusvaloración, cuando no un desprecio. Se niegan el ser uno al otro.

Permitidme en este momento transcribiros unas líneas (págs. 47 y 48) de mi librito *Amor, ¿tú quién eres?*

> «"Le miró y lo amó", dice el Evangelio, refiriéndose a Jesús. Lo habías oído tantas veces... No sabías que los ojos son para mirar y amar. Dejaste brotar el amor y miraste con amor a las personas, la vida, la naturaleza, los acontecimientos, al buen Dios.
>
> »Habías, hasta ahora, mirando con calculados intereses, con escepticismo, con timidez, con amargura, con miedo. Interpretabas mal el amor de los otros, te molestaba que te quisieran, no tenías sitio. Miraste con amor a las personas. Detrás de sus ojos conociste su yo. Conociste la debilidad y pobreza de tu cercano pidiendo ternura, comprensión y ayuda. El competidor se convertía en hermano, el enemigo en amigo, el extraño en próximo. Miraste con amor y descubriste la sonrisa. ¡Te pedían tan poco! Estabas ciego y preso. Una sonrisa, un poco de tiempo, una mano, una caricia, atención, preocupación...
>
> »Te pedían tan poco. Eras un pantano repleto, rodeado de tierras re-

secas. Eras rico, rodeado de mendigos. Pero te empeñabas en estar seco y en ser mendigo. Y aumentabas sin querer la pobreza de todos. Miraste con amor y fecundaste las tierras, aliviaste las pobrezas. Miraste con amor y comprendiste que no esperaban otra cosa de ti. Empezaste a estar de su lado, a reír sus risas, a llorar sus llantos. No necesitaban más.»

— *El amor del otro por ti.* No lo olvides. Ha sido tan grande en ternura, dedicación, pensamiento e ilusiones... ¡Tenlo siempre presente! Pero no como una pérdida de tu libertad, como si te encadenara para siempre la retribución que le debes. Más bien como un despertador de tu admiración y asombro, como una fuente de gratitud y de gratuidad, como nacimiento de poderosas corrientes de amor.

No te canses de considerarlo. De ponderarlo. ¡Se me ha amado tanto! Tenías tan poca estima de ti mismo, te sentías naufragar en los mares de la vida, inconsistente, vencido por los miedos. Se te amó y recuperaste la consistencia perdida, viste iluminarse tus senderos, sentiste viable lo que antes te parecía imposible.

¡Me has amado tanto! En cada despertar me siento renacer por la seguridad de tu amor. En cada atardecer siento la fuerza para continuar por la confianza que tú me das. Los problemas son menos problemas, y los contornos tantas veces ennegrecidos por la existencia recuperan su perfil.

No te canses de reconocerlo. ¡Dilo! Díselo a él (ella), a los hijos, a los amigos. Asómbralos al decirles el amor.

2 Asumir la fragilidad

Hasta que se toma conciencia del otro como él es, de sus debilidades, de sus manías, de sus limitaciones y fracasos; hasta que, asumiendo todo esto, se le acepta tal y como él es como punto de partida, no hay amor conyugal.

No hay amor verdadero más que a partir del momento en que se convierte en *presencia* atenta, capaz de recibir y de acoger a otro ser, no sólo tal y como es ahora, no sólo tal y como quisiera ser y llegar a ser en la vida, sino ante todo tal y como es en la *parte más frágil de su ser.*

El riesgo de algunos noviazgos es no tomar conciencia de esta parte de la personalidad del otro y quedarse limitado en el conocimiento de lo positivo del otro, incluso de lo «soñado». No es raro escuchar al poco tiempo de una boda expresiones como: «Esta persona no tiene nada que ver con el (la) que yo conocí». «Hay noviazgos que son una verdadera estafa.»

De todas formas hay un hecho que se repite en todas las parejas: se los ve felices en el noviazgo, con sus cosas, incluso en los primeros años de su matrimonio, pero llega un momento en que percibimos que han «tocado techo». Han llegado hasta ahí y ya no crecen. Se limitan a repetir situaciones. A partir de un dolor, de una conciencia de culpabilidad, nace el resentimiento que casi imperceptiblemente se va convirtiendo en ira, en desprecio. Otros muchos son capaces de romper la frontera de ese techo. Entran en un proceso de curación y hacen posible que crezca el amor. «De techo en techo», su amor se convierte en un dinamismo creativo de su personalidad individual, del «nosotros».

La parte frágil es lo más importante para cada uno, la que, por todos los medios posibles, no dejamos entrever a los que nos rodean porque es ahí donde nuestra existencia es más vulnerable: «Ni me cuestiono el poner al desnudo mis debilidades ante mi mujer. ¡Se aprovecharía! La conozco muy bien.» «¿Revelar mis estrategias en presencia de mi marido? ¿Adónde iríamos a parar?» «Vivimos un equilibrio de fuerzas que es imposible cambiar.» Todos somos vulnerables en ese aspecto de nuestra vida en el que estamos inseguros de nuestra propia identidad.

¿Quién soy yo? Si no consigo una respuesta capaz de calmar mi propia inseguridad, esta pregunta se convierte en la amenaza más peligrosa.

Esta pregunta acompaña al ser humano durante toda su vida, desde la niñez.

En la adolescencia la vive intensamente. La vida en pareja no la suprime. Más bien al contrario, porque el otro, compañero de cada día a lo largo de los años, es quien es capaz o bien de calmar ese sufrimiento o bien de darle intensidad, más que por fuera, donde sabemos «estar» y protegernos. No es «una lotería» el que la vida conyugal pueda convertirse en un infierno: los odios más inexplicables nacen y se desarrollan en la «proximidad» de la vida familiar y conyugal, porque es ahí, en la proximidad de los lazos afectivos, donde es más difícil disimular esta parte frágil. El que está incierto e inseguro de sí mismo busca un refugio en el poder que ejerce sobre sus próximos, y así les impone un dominio que los encierra a su vez en su propia inseguridad.

«La vida en común supone, evidentemente, el compartir las tareas y las preocupaciones que impone la vida cotidiana. Pero si pretende ser al menos una vida humana, exige una atención a esta parte frágil que cada uno lleva en sí mismo. Por esto es por lo que cada uno espera ser acogido, ser aceptado. En una palabra, ser reconocido. La vida en común, en la proximidad, toma su sentido en la cara a cara en que cada uno es acogido en su fuerza y en su debilidad, pues sólo una acogida así puede darle a cada uno la seguridad de que existe como una persona, como una persona singular.» (De la revista *Alliance,* nn. 33-34, págs. 16-17.)

— RECONOCER: debemos ante todo, cada uno, reconocer que hay en nosotros necesidades fundamentales y miedos, que no serán nunca del todo satisfechos y que nos hacen vulnerables. Nos sentimos fácilmente heridos e interdependientes, nos necesitamos unos a otros. Esta «operación pobreza» no es tan difícil. No hace falta ser demasiado perspicaces. Basta con un poco de sinceridad y con una dosis de sentido de humor. Es absurdo considerarse perfectos, decir que es siempre el otro el culpable, que uno nunca se equivoca.

Debemos reconocer que cargamos una serie de puntos sensibles, que son como heridas abiertas:

— fracasos o errores no asumidos;

— imágenes negativas de uno mismo; baja estima de sí mismo;

— limitaciones de cualquier tipo no aceptadas.

Debemos reconocer también que somos expertos en «hacernos daño», aunque nos queramos mucho. Que tenemos una puntería certera para alcanzar el blanco que más duele. Y sin querer vamos agrandando las heridas y separándonos imperceptiblemente.

— AFIRMAR: es impensable que una mujer y un hombre vivan juntos a lo largo de cada jornada, a lo largo de toda una vida, sin hacerse daño. A veces son pequeños roces, que pueden generar broncas, que pasan desapercibidos para los demás. A veces son grandes heridas muy dolorosas.

Este hecho genera una cierta desesperanza: ¿cómo pensar que en estas condiciones vamos a pasar toda una vida juntos? Y un miedo concreto a que la soledad que vivimos cada vez que se rompe nuestra relación pueda resultar definitiva, irremediable.

Por el contrario, podemos también afirmar que hay parejas que, habiendo curado su amor en el diálogo y el trabajo personal, son capaces de vivir en la verdad sin hacerse daño, habitualmente.

— CONCLUIR: que el amor conyugal nos hace ser capaces de decir con verdad esta serie de afirmaciones (y todas ellas):

— «Yo sé que eres tú, será tu persona, la persona a la que yo más quiero y la que más me quiere, quien, sobre todos, me hará mal: tus nervios, tu negligencia, tu agresividad... me indispondrán».

— «Yo sé también que soy yo, mi persona, quien más que nadie te herirá, porque tú me amas y porque esperas más de mí que de ningún otro».

— «Yo sé que si me he sentido herido(a), que si tú me has hecho daño, es porque me has alcanzado en un punto sensible, has avivado mi propia herida. No ha sido tu intención, pero es mi fragilidad».

Pero:

- Yo quiero seguir viviendo contigo, tal y como eres, siendo todo tuyo(a).
- Yo quiero con mi amor ayudarte a curar, a crecer, a que llegues a tu plenitud.

Esto es «asumir la fragilidad». Éste es el amor conyugal.

Hay un párrafo de *Los gozos y las sombras,* de Torrente Ballester, que dice algo muy profundo en este sentido: «Enamorarse es algo más que el deseo de dormir con una mujer, es el haber hallado una persona junto a la cual uno pueda ser *verdadero,* porque buscarse a una mujer como espectadora de la mentira que has ido inventando es arriesgado. No hay mentira que soporte la convivencia».

CUESTIONARIO

1 Para la reunión de equipo

1 Una vez leído, comentado y aplicado el tema a vuestra vida, entresacad, cada pareja y de común acuerdo, las tres cosas que más os hayan interpelado.

2 Preparad un comentario al texto citado de Torrente Ballester: «Enamorarse es algo más que el deseo de dormir con una mujer, es el haber hallado una persona junto a la cual uno pueda ser *verdadero...»*.

3 El amor conyugal puede constar de otros elementos además de *admirarse y asumirse*, pero:

— *¿Consideráis que estos dos elementos son suficientes para sintetizar el amor conyugal?*

— *¿Qué otros aspectos aportaríais cada pareja que os parezcan importantes?*

4 El diálogo para la pareja que propongo en este tema es muy serio y difícil. Puede provocar muchas cosas, positivas y negativas. Pero es imprescindible, y debería hacerse de vez en cuando en la vida. Aquí, en la reunión, pediría a cada pareja exponer cómo le ha ido en el estudio del tema y en ese diálogo que, espero, habéis hecho. Dificultades, enfrentamientos, acuerdos, acercamientos, sentimientos...

5 Es esencial *cultivarse* para que la admiración se mantenga y crezca. En general, ¿qué aspectos del «cultivo personal» creéis que abandonan más las parejas de hoy, de vuestra edad?

6 Para el final de la reunión: Una vez escuchadas todas las parejas, ¿qué conclusiones sacáis? Intercambiad entre vosotros y concretad algunas cosas como denominador común.

2 Para el diálogo de la pareja

1 Recordad cada uno el tiempo en que os conocisteis y enamorasteis:

— *¿Qué cosas del otro te enamoraron?*

— *¿Sigues admirando esas mismas cosas aún?*

— *¿Qué otras has descubierto?*

2 Recomendaros uno al otro un aspecto en que debéis cultivaros. Debéis quedar conformes ambos.

3 *Yo soy en la medida en que tú me reconoces.*

— *¿Qué significa en vuestra vida este pensamiento?*

— *¿Hasta qué punto predomina entre vosotros el deciros las cosas nega-*

tivas, en plan reproche, sobre la dicha de apoyaros al resaltar las cosas positivas?

— *¿Os sentís cada uno respaldado por el otro cuando estáis entre otras personas?*

4 ¿Por qué no intentáis ayudaros mutuamente y os ponéis de acuerdo al concretar cuál es la fragilidad de cada uno? Es normal que duela. Es duro. Pero hace falta «darse cuenta» y concretar las cosas... ¡Os conocéis tan bien! Hay que ir curando heridas... Sería bonito que os dijerais el uno al otro lo que al final del tema va en cursiva: *«Yo quiero seguir viviendo contigo...»*.

5 De todo lo visto, tema y preguntas, deducid cada uno un punto de esfuerzo para vuestra vida en pareja. Concretadlo estando de acuerdo.

3
Amar lo que el otro ama

Aquí es necesaria una reflexión previa. He podido comprobar en mi vida que la actitud de quien ama es global: ama todo aquello que es amable en su entorno. No sólo tiene un amor razonable por sí mismo, por su marido o mujer, sus hijos, su familia, sus amigos, sino que su actitud de amar llega a todo, a lo profesional, los vecinos, aquellos con los que tropieza en su vida, a la naturaleza, a Dios, al arte... Todo lo que se le aparece y conoce como amable. Es realmente una persona que *ama*.

Por el contrario, quien se sitúa en una actitud de no-amor, quien está encerrado en sí mismo por la razón que sea y que nunca podremos juzgar, lo ve todo en razón de sus intereses, de sus apetencias, de lo que las cosas o personas le puedan aportar. Cuando dicen que aman a tal persona o situación... están expresando, en definitiva, que de alguna manera esa persona o situación está satisfaciendo alguna necesidad personal.

He observado que cuando en una persona situada en el no-amor irrumpe el amor que le lleva a la donación en algún aspecto de su vida, su visión de las cosas, su actitud ante los demás y ante la vida se transforman. Esto, que es corriente observado en adolescentes, lo he visto en todas las edades, aunque más raramente.

Quede claro que esta reflexión hace referencia al ser humano que ha superado sus edades de crecimiento. El niño, el púber, el adolescente, el joven, viven sus propios procesos, de distinto modo.

Si aplicamos esta reflexión, que me parece clara, a la conyugalidad, llegaremos a la conclusión de que si decimos *te amo,* para ser verdaderos querremos decir:

- Por una parte, que amamos la totalidad de su ser, *su yo,* y toda la estructura de su personalidad: su cuerpo, su afectividad, su manera de ser, de pensar, de conducirse...
- Por otra, todo lo que es significativo e importante en su vida: su familia, sus amistades, sus tareas profesionales, sus aficiones, sus dedicaciones.

Querrá decir que soy capaz de vencer esa sutil tentación de ir apartando al otro de todos sus «amores», de ir haciendo de él una pertenencia exclusiva de mi ser posesivo.

«Al amarte a ti amo todo lo que tú amas. No es verdad que me amas si no amas lo que yo amo. Si sólo me amas a mí y no lo que yo amo, tal vez me necesitas, te soy útil, cubro tus necesidades, pero no me amas.»

No quisiera mitigar la dureza de estas afirmaciones. Pero es tan fácil criticar lo que acabo de decir... Incluso ridiculizarlo. Somos tan sagaces para justificarnos...

Está claro que eso no puede significar:

- que tenga que volverme ciego y decir que es formidable y maravilloso y que me entusiasma todo lo que rodea al otro;
- que tenga que fingir sentir lo que no siento. El sentir animadversión o antipatía, repulsión o desprecio es algo que escapa al yo consciente y voluntario;
- que tenga que dar por bueno lo que no es, que tenga que consentir con lo que considero rechazable, que tenga que alabar lo que es deplorable.

Pero también está muy claro:

- que aunque «sienta» antipatía, que es algo instintivo, puedo ser correcto, respetuoso y atento con el cuñado, la suegra o el sobrino;

- que muchas cosas puedo dejarlas por no vistas u oídas, y no ahondar en las heridas que siempre son dolorosas en lo que se refiere a la familia de uno;

- que una crítica razonable puede hacerse con tacto y sin desprecios;

- que lo «no tolerable» exige planteamientos y respuestas exigentes en el interior de la pareja;

- que si «no quieres perdonar», si «no olvidas», si guardas durante años determinados resentimientos y los sacas a colación cada vez que surge el caso, debes preocuparte por tu madurez y la sinceridad de lo que llamas amor;

- que si por sistema te pones a la contra, que si lo criticas todo, para ti nada está bien nunca, nada es suficiente;

- que si aun en aquello en que se ha puesto más amor y sacrificio encuentras siempre una falta y lo tienes que decir;

- que si, ni por milagro, sale de ti una felicitación, una aprobación, una alabanza, una palabra de aliento;

- que si...

- Te aconsejaría que te miraras al espejo y te rieras un rato de ti mismo. No te creas que eres más imbécil que los demás, pero tampoco menos. Y consuélate, porque tienes remedio.

Me vienen a la mente las palabras de Pablo en su canto al amor:

> «El amor es paciente, es dulce y bienhechor; el amor no tiene envidia, no obra precipitada ni temerariamente; no se ensoberbece, no es ambicioso ni busca sus intereses, no se irrita, no piensa mal, no se alegra de la injusticia, se complace en la verdad. A todo se acomoda, cree todo el bien del prójimo, todo lo espera y lo soporta todo. El amor no pasa nunca» (1 Cor 13).

Esto puede sonar a «romanticismo», a «demasiado bonito». Puede incluso parecer estupidez y locura. Pero lo que sí es patente es que en un amor así, digan lo que digan, el ser humano encuentra su equilibrio psicológico, su madurez humana, su razón más honda y significativa de vivir, su alegría, el sentido festivo de la vida.

¡Qué bonito sería que un día, juntos, releyéramos ese texto de Pablo, nos lo aplicáramos y nos ayudáramos a vivirlo!

Sé que es difícil «amar lo que el otro ama», amarlo porque en ello te amo a ti, porque amo lo que hay de ti en las personas y en tus intereses. Es tal vez un esfuerzo de toda la vida. Tal vez nunca lleguemos a ello. Acaso nos quedemos lejos. Pero hay cosas que, si queréis vivir conyugalmente, tenéis que evitarlas de una vez. Me refiero, por ejemplo:

— Hablar con desprecio de la familia del otro. Siempre es posible o callar o ser respetuoso.

— Mantener durante años actitudes o inclinaciones que son intolerables para el otro: beber, divertirme «por fuera», «los niños son cosa tuya»... Siempre es posible dejar de ser un crío y empezar a renunciar y dejar de ser caprichoso.

— Hacerte el sordo durante décadas a peticiones legítimas del otro. Un jeringazo a tiempo es capaz de desatascarlo todo.

— Ser un artista en el arte de herir. Sin perder ocasión. En el punto más débil. Donde más duele. ¡Por favor! ¡Ni una vez más!

Nos entendemos. Tal vez nunca lleguemos a lo que nos pide Pablo, pero seríamos inexcusables si no superáramos éstas y otras inmadureces. Hay niveles que son asequibles a todos: el respeto, la educación, la prudencia. Hay niveles que podemos conseguir: la paciencia, la bondad, la comprensión, la misericordia. No os resignéis a arrastrar durante años situaciones de dolor. Esforzaos por hacer amable y deseable cuanto sois para el otro. Descubrid y amad el yo del otro en cuanto es, hace o le interesa.

Amigos y expansiones comunes

Este aspecto gira ya más en lo que podríamos llamar la proyección de la pareja. Hombre y mujer, al dar el paso del matrimonio, teníais vuestros propios grupos de amigos que podían sen comunes o no.

Está claro que el matrimonio no puede de ningún modo suponer la ruptura con lo que fue. Hay amistades estupendas que lo son de toda la vida y para toda la vida.

La cuestión está en ese tacto extraordinario que tenéis tantos al conseguir incorporar a vuestro esposo o mujer en vuestras amistades. De modo que mis amigos sean también tus amigos y mis amigas tus amigas.

Un amigo, una amiga, es parte de uno mismo. Hemos caminado juntos y vivido, sufrido y disfrutado... «Sin él no sé cómo hubiera superado algunas cosas. Su amistad y tu amor no se contraponen ni entran en competencia. Es "otra cosa", pero no; en el fondo es lo mismo. Te amo a ti como esposo(a), a él como amigo(a), a los niños como hijos, y amo la vida, y la familia... Pero tú has hecho crecer en mí el amor y lo haces crecer cada día, y ahora veo que cada día amo más a mis amigos, y a los hijos y la vida.»

El problema se plantea en las parejas en las que el hombre tiene sus amiguetes por ahí y se lo pasa genial con ellos y está deseando estar con ellos, y la mujer tiene sus amiguitas por ahí y se lo pasa genial con ellas y está deseando estar con ellas. Entonces cada uno hace su vida «por fuera». Hay mujeres que tienen mucha más amistad con sus amigas que con su marido, y hombres que tienen mucha más amistad con sus amigos que con su mujer. Hay parejas que organizan así su vida. Dicen que hay que respetar la «libertad» de cada uno. Y sin duda, nadie debe decir nada, pues es su derecho. Cada uno es «dueño» de su vida.

Lo que está claro es que este criterio no sirve si se quiere vivir una conyugalidad en serio, una espiritualidad conyugal. En este caso hay que incorporar al otro en el círculo de las amistades de cada uno, y lo que es más importante, es necesario que, éstos u otros, la pareja tenga amigos de la pareja. En definitiva, no se trata de suprimir o reprimir nada. Se trata de incorporar, de aumentar.

Y lo que digo de las amistades, lo digo también, en parte como consecuencia, de las expansiones y de las diversiones. La pareja tiene que ser capaz de divertirse junta, de expansionarse junta, de llenar junta los tiempos de ocio con actividades y esparcimientos que sean comunes.

Y aquí también hay que buscar un equilibrio. Está claro que no todo lo que te divierte y te distrae a ti, tiene por qué divertir o distraer al otro. No todo lo que te descansa y te ayuda a evadirte tiene por qué descansar o ayudar a evadirse al otro. Pero hay que saber conjugar dos cosas:

- Poner una moderación en lo que a uno le va y al otro radicalmente no le va. Pongo dos ejemplos. A ti te gusta mucho el fútbol; pero si en una tarde de domingo vas al estadio y a continuación te tragas por la televisión un nuevo partido, condenando a tu mujer al ostracismo, te pasas.

  Y si a ti te encanta jugar a las cartas y por sistema consagras a esta actividad, que te apasiona, las tardes del domingo, condenando a tu marido al ostracismo, también te pasas.

  No se trata de suprimir. Se trata de moderar.

- Esforzarme por hacer mía la afición del otro. A mí me encanta ver que una señora se haga hincha de un club porque le interesa a su marido, o que un individuo aprenda a jugar a las cartas porque le gusta a su mujer. Y sin hacer el «paripé», con naturalidad. Valorándolo todo por el amor, no por lo que cuesta.

Si no conjugamos estas dos cosas, se van creando distancias demasiado frecuentes. Pero aún hay más. No basta con moderar y esforzarse. Hay que llegar a tener aficiones comunes. Hay que saberse divertir juntos, si no siempre, sí con frecuencia. Hay deportes que podéis hacer los dos: pasear, ir al monte, nadar, etc. Hay espectáculos que os pueden agradar a los dos, lecturas y conversaciones que os interesan a los dos, y mil cosas más. Hay que saber jugar, reír y disfrutar juntos. Y bailar y cocinar y viajar...

Son, si queréis, cosas pequeñas. Pero son la «salsa» de la vida.

CUESTIONARIO

1 Para la reunión de equipo

1 En este capítulo hay dos temas, diferentes pero muy en conexión uno con otro, que marcan dimensiones importantes del amor conyugal. Es un capítulo fácil de tratar, pues son cosas evidentes, pero difícil de asumir, creador de conflictos. Señalad de su contenido algunos aspectos que os parezcan esenciales.

2 Preparad cada pareja un comentario al texto de Pablo en 1 Cor 13. Este texto señala verdaderas cimas en la vivencia del amor. Sería bueno que subrayarais la aplicación de estas palabras tanto al amor conyugal como a la educación de los hijos. ¿Cómo compaginar con este texto la exigencia de todo amor, el no ser un blando, un «calzonazos», el no ser «permisivos»?

3 La ingerencia de las respectivas familias es frecuente causa de conflictos en las parejas: a los padres les cuesta «dejar irse» a sus hijos. Frases como *Lo que tenéis que hacer es...* son habituales. ¿Cómo habéis vivido estos problemas? ¿Qué cosas habéis visto en otros matrimonios? ¿Qué causas hacen que unos padres se interfieran, a veces tan lamentablemente, en las vidas de sus hijos cuando se casan? Tomar conciencia de las causas puede iluminar mucho nuestra propia experiencia.

4 «Una crítica razonable de la familia del otro puede hacerse con tacto y sin desprecios»:

— *¿Qué os sugiere esta reflexión?*

— *¿Es bueno hacerlo? ¿Cómo?*

— *¿Hay que callarlo todo? ¿Aguantarse?*

— *¿Cuesta asumir esas críticas razonables? ¿Por qué?*

5 Hay mujeres que apartan a sus maridos de sus amigos y viceversa. Hay parejas que terminan quedándose aisladas, solas. Otras, por el contrario, se enriquecen con una diversidad amplia de amistades. Os invitaría a analizar causas y consecuencias de estas afirmaciones.

6 ¿Qué conclusiones generales sacáis del estudio de este tema? Procurad concretar alguna en la que haya mayor coincidencia entre vosotros.

2 Para el diálogo de la pareja

1 Del texto de Pablo en 1 Cor 13. Comentadlo entre los dos. Señalaos uno al otro los aspectos del texto que veis que son realidad, son verdad en cada uno. Así: «Yo creo que tú sí eres paciente...».

2 ¿Qué aspectos de tu vida crees que el otro ama? ¿Cuáles no? Reflexionad un poco en silencio y comentad luego. ¿Qué esfuerzo os pediríais uno al otro?

3 Haced un intento de reflexionar con paz y serenidad sobre:

— *Si hay algún aspecto «insostenible» en relación con las respectivas familias: intromisiones, alusiones dolorosas...*

— *Si hay otros aspectos que, aunque no sean insostenibles, sí son fuente de problemas para vosotros.*

Procurad hacer una reflexión objetiva, no subjetiva, sobre su verdadero alcance, y poneros de acuerdo en alguna pequeña actitud que podáis adoptar, aunque os suponga alguna renuncia.

4 Reflexionad juntos sobre vuestras amistades: ¿Os sentís solos? ¿Tenéis amigos comunes? ¿Existen cotos cerrados de amistad del uno respecto al otro? ¿Qué dificultades tenéis?

5 Toda esta reflexión que os he propuesto no es fácil. Normalmente se evita para no ocasionar más discusiones. Con frecuencia es fuente de sinsabores. Os propongo terminarla con un gesto festivo: ir al cine, o tomaros una copa, dar un paseo, haceros un pequeño obsequio, o...

4
La crisis y las crisis

a) La crisis

Que el matrimonio como institución ha pasado una profunda crisis en nuestros tiempos no es un misterio para nadie. Ha sido tan fuerte que hemos podido incluso escuchar consideraciones del calibre de: *El matrimonio es una institución caduca. No está conforme con una mentalidad moderna y progresista. Es el fin del matrimonio...*

Crisis no es equivalente a fin. Al contrario. Todo lo que está vivo, está sometido a crisis. Ésta es una señal de vida. Significa precisamente que, en su proceso, una etapa está cubierta, que ya no sirve seguir viviendo de esa forma, que hay que renunciar a situaciones anteriores, y que hay que asumir formas nuevas de vida.

El hombre tiende a instalarse, pero la crisis le hace seguir caminando hasta el final. Desde el nacimiento (primera crisis) hasta la jubilación, y luego, más allá, hasta la muerte, el hombre va escuchando permanentes llamadas a salir de sí mismo, a desinstalarse. Y no es fácil. Pero debemos aprender a vivir con crisis, a ver en ellas una señal de esperanza.

El hombre tiende a instalarse, pretende hacer de su instalación una situación perdurable y, lo que es peor, a imponer a los otros su propia instalación.

> «A veces identificamos con la fe revelada una imagen determinada del hombre y del mundo, producto de una etapa concreta de la historia humana; luego, en nombre de esa imagen, nos declaramos en guerra con-

tra toda nueva imagen del hombre y del mundo que surja en el horizonte.» (SCHILLEBEECKX.)

Podemos afirmar que la crisis reciente vivida por el matrimonio no sólo no significa el fin de esta institución, sino que, por el contrario, está permitiendo que en el horizonte de la Historia surjan formas nuevas de vivir el amor conyugal cargadas de belleza, esperanza y exigencias. Formas nuevas que nos están permitiendo comprender dimensiones hasta ahora veladas de la plenitud humana, del amor, e incluso grandes conceptos religiosos, como que la pareja sea la imagen de Dios, el sentido del sacramento, el hogar como primera Iglesia... con una luz distinta.

Para asomarnos a estos horizontes voy a recorrer algunos aspectos de la vida conyugal, intentando apreciar desde dónde venimos y hacia dónde parece ser que vamos. Con el riesgo, del que soy consciente, de caricaturizar el pasado e idealizar el futuro. Por la fe afirmo que toda forma nueva que sea verdadera es mejor en la medida en que recoge del pasado lo perdurable y le inyecta una nueva savia. El espíritu de Dios está en toda transformación a mejor.

1 En las etimologías

Se da un pasar del «matrimonio» a la «pareja». Matrimonio, del latín «matrem-munĕre», significa proveer a la madre. Es el compromiso que adquiere el hombre, desde el momento de la boda, de proveer, suministrar, a la madre lo que pueda necesitar para sostener el hogar en sus capítulos de vivienda, ropa, alimento, salud... Hay que observar que dice «madre»; ni siquiera esposa; cuánto menos mujer. El rito de las arras en la ceremonia matrimonial, al margen de otras significaciones más espirituales, lo expresaba.

Solía decirse que «la que se casaba era la mujer». El hombre se comprometía a proveerla: «No sé de qué se queja, si no le falta de nada». Incluso la cuantía de la provisión la determinaba el hombre, que separaba de su sobre quincenal o mensual lo que él creía suficiente. El ser una buena administradora era una de las calificaciones más notables en la valoración de una madre, aunque «tuviera que hacer milagros» para que llegara hasta final de mes la cantidad que el hombre había considerado suficiente y le había dado. Sin duda, y con frecuencia, era superior la cantidad que para «sus gastos» se reservaba el hombre de su sobre. Todo esto sigue siendo verdad en determinados ambientes.

La palabra «pareja», que escandaliza a muchos por otras connotaciones, hace referencia a la paridad, a la igualdad. Hombre y mujer se casan en pie de igualdad. Todo el movimiento feminista, justamente descalificado en algunas de sus vertientes, ha contribuido con fuerza a restituir tanto a la mujer como al hombre a su verdad, cara a la relación esponsal.

No hay que hacer problema con los términos, pero sí con sus contenidos. Seguiré utilizando la palabra matrimonio, pero no desde su etimología y sí desde un nuevo contenido. En esta disquisición etimológica se encuentra contenida toda la crisis vivida por el matrimonio como institución, en síntesis.

2 En el proyecto

Lo mismo el matrimonio que el hogar han pasado de ser un proyecto del hombre a ser un proyecto de la pareja. Este tema puede parecer menos concreto, pero no lo es. El proyecto hace referencia a lo que se espera de una cosa, lo que queremos llegue a ser, al sentido que se le da. Del proyecto dependen las posturas que se toman o se hacen tomar, las formas de vida.

En el proyecto entran en juego grandes valores, como el respeto a la persona del otro, el respeto a su historia personal y a sus procesos, la aceptación del otro tal y como es, la justicia, la paz... Un largo etcétera. Por el contrario, el proyecto puede quedar determinado por los peores vicios: el afán de posesión, la fuerza del poder, la necesidad de someter y hacer depender a los otros, las manías más pequeñas y las insatisfacciones más humillantes...

El matrimonio no es «uno y su sombra». Son dos manos que se entrelazan. No es «mi proyecto, lo que yo quería que fuera», ni «tu proyecto, lo que tú esperabas que fuera». Es *nuestro* proyecto y lo que *nosotros* queremos que llegue a ser.

Más aún: por la fuerza de la fe, las dos manos entrelazadas se abren en la búsqueda del proyecto de Dios, de su querer. Queremos hacer nuestro el proyecto de Dios sobre nosotros.

3 En la economía

De ser competencia exclusiva del hombre se ha llegado en ocasiones al extremo contrario. Hoy se da el caso de que el «cabeza de familia» está en el paro. En cambio, la mujer trabaja, e incluso un hijo es el que sustenta a la familia. Hay parejas en que se llevan contabilidades separadas y cada uno carga con una parte de las responsabilidades del hogar.

Al tema de la economía me he referido al hablar de las etimologías. El hombre proveía a la madre. El acceso de la mujer a la cultura, a las responsabilidades, al trabajo, ha trastocado esa situación que durante siglos prevaleció. La economía ahora, trabaje o no la mujer fuera de casa, o trabajen los dos, es asunto de ambos. Marido y mujer conocen los ingresos, elaboran los presupuestos, son responsables de las prioridades en los gastos.

4 En la educación de los hijos

Esta labor era encomendada a la madre, la «reina» del hogar, la que se quedaba en casa. En la sociedad preindustrial, con el ambiente hecho según las culturas, bien definido, la tarea educativa del hombre se reservaba para los grandes acontecimientos: «Esto se solucionará cuando venga tu padre». Educar a los hijos no se planteaba como un problema. Desde su nacimiento, el niño iba asimilando la cultura en que vivía y, salvo excepciones, se adaptaba a ella al carecer de información sobre otras posibilidades y por el temor social de transgredir los códigos de conducta preestablecidos.

El pluralismo ideológico, el aluvión de informaciones que el niño percibe desde su propia casa por los medios de comunicación, el ritmo trepidante de vida, la enorme presión social que el consumismo e ideologías ejercen, la inestabilidad de las relaciones conyugales en muchas parejas y otros muchos factores, han convertido hoy la educación en un problema. El niño para crecer necesita unos puntos de referencia fijos, coherentes. Necesita una cultura, en su sentido más amplio, en que asentarse y cobrar seguridad. Necesita esas raíces que se sumergen en la historia de un pueblo, de una familia, fundamento de un crecimiento sólido y estable. Nacido para amar y ser amado, requiere desde el primer latido el color de un hogar, verdadero útero en que se gesta la personalidad humana, el calor del amor de sus padres entre sí y para él y sus hermanos. La familia nuclear encerrada en los estrechos confines de unos pocos metros cuadrados, en los inmensos bloques de nuestra civilización urbana, carece de compensaciones afectivas y es capaz de generar las mayores agresividades. Educar hoy es un problema difícil. Ningún padre, ninguna escuela puede garantizar su éxito, el de una personalidad equilibrada.

Marido y mujer han asumido hoy, juntos, esta enorme y trascendental tarea. Aunque sea cierto que innumerables parejas han vivido sus peores crisis a raíz de la crisis de sus hijos, no es menos cierto el esfuerzo admirable y la dedicación sin límites de la mayor parte de los padres. Sus frutos están ahí, a pesar de que no siempre los resultados se correspondan con los esfuerzos.

En las tinieblas de las opiniones y criterios más variados y dispares, incluso entre los expertos de las ciencias del hombre, se va haciendo la luz. Ni la permisividad, ni el autoritarismo conducen a nada bueno. Es en la animación, en el «dar vida», exigente y tierno, en la «autoridad amorosa» que deja ser, llamando siempre a más, donde está el camino. Es en el ejemplo admirable del buen Dios, el Padre, en su palabra siempre actual, donde vamos percibiendo los destellos de esa luz.

5 En la sexualidad

Era un campo, en general, reservado para el hombre. La mujer, «descanso del guerrero», aliviaba las necesidades del hombre, vivía con resignación su sexualidad para permitir el desahogo del marido. Bajo las peores amenazas, que llegaban incluso hasta la muerte, debía ser fiel, pues era propiedad de su hombre. Él no.

Por medio hemos vivido una verdadera revolución sexual. Por la ley del péndulo, ha llevado a excesos y errores de bulto: aislar la sexualidad del ser y de la ternura convirtiéndola en un nuevo instrumento lúdico, negarle su valor creador y procreador, convertirla en sierva de inconfesables interes económicos... ha destruido muchas vidas. Pero ha aportado una luz intensa y fuerte.

La sexualidad es importantísima en una relación conyugal. Debe ser gratificante y creadora para ambos.

Lugar de libertad exterior, de autodominio, de ofrenda y acogida, el gran criterio de moralidad es su calidad.

No es un camino fácil. Antes no generaba problemas. ¡Claro! Ahora, sí. Exige a ambos: debe ser gratificante. Obliga a ir más allá de la genitalidad, del coito, al diálogo de los cuerpos, a la ternura de los sentimientos. Es un camino de santidad en los esposos. Hasta que llegues a decir «por ti».

6 El número de hijos

La civilización urbana, industrial, los sistemas económicos, el egoísmo generado por una concepción materialista y secularizada de la vida, están en la base del vuelco dado por la pareja ante el número de hijos.

Desde aquel *los que Dios quiera* hasta la *paternidad responsable,* hay un largo trecho. En la sociedad agrícola, patriarcal, los hijos eran fuente de riqueza y de fuerza. Tenían espacio para vivir. Eran brazos para la tierra y para la defensa. Llenaban la vida, sucediéndose sin intervalos unas generaciones a otras.

Sin espacio, sin medios, sin tiempo, las parejas más generosas se encuentran hoy perplejas ante el mandamiento de Dios: «Creced y multiplicaos». Perplejas por las posturas de la Iglesia que, aunque verdaderas, no siempre son posibles y con frecuencia se convierten en auténticos cepos que «atrapan» sus conciencias. Perplejas por las dificultades que los sistemas ponen a su propia libertad y derecho.

En claves de generosidad, de acuerdo mutuo, de seguridad en la

Providencia de Dios —tenemos un Padre; podremos vivir—, la paternidad responsable es un tema de difícil discernimiento. Más adelante volveremos sobre él. Sin duda éste es uno de los grandes cambios en la concepción del matrimonio.

7 Salen y entran

Entramos en las consecuencias que comportan los cambios anteriormente dichos en la vida de una pareja. Sin temor de generalizar, podemos decir que antes el hombre vivía *por fuera:* su trabajo, sus amigos, el bar, sus diversiones. La mujer, *por dentro:* la casa, sus labores, sus partidas a las puerta de la casa. A una mujer «decente» no se la podía ver «por ahí».

Marido y mujer hoy «entran y salen». En ciertas parejas, porque ambos trabajan. En las demás, porque sus amistades y diversiones sus comunes, porque el hombre sabe que debe estar en casa, y la mujer, que debe participar en muchas obligaciones fuera de ella.

La vida conyugal antes, con sus coordenadas perfectamente prefijadas, era un modo de vida «en paralelas». Las relaciones podrían ser cordiales. En muchos casos lo eran por la calidad personal de ambos cónyuges. En otros casos eran de guerra declarada. En otros, en fin, de ignorarse y de referencia exclusiva en las necesidades.

Hoy no concebimos una vida conyugal así, «en paralelas». El don de Dios nos llama a vivir en pareja, a jugárnoslo todo el uno por el otro.

Estamos, en efecto, ante un giro copernicano.

b) Y las crisis

Las crisis que son habituales en el camino de un matrimonio. Porque todo lo que está *vivo,* está en crisis, saliendo, avanzando de unas situaciones a otras, cada vez a mejor. Por las que todos, de uno u otro modo, pasamos, aunque con distintas intensidades y connotaciones.

En el contexto de estas «grandes» crisis, teniéndolas como fondo, ocurren las pequeñas crisis, las cotidianas. Comprender las grandes facilitará el proceder en las pequeñas. En cualquier caso, toda crisis es una llamada a la generosidad, a la desinstalación, a la creatividad y el dinamismo, a dar un paso más que te acerque al por ti.

1 La de la realidad

Es la crisis del primer o de los primeros años. Va de lo soñado a lo real. El noviazgo es un tiempo maravilloso, emocionante. El matrimonio volatiliza los sueños, y por eso algunos dicen que es el final del amor, su muerte, como si el amor fuera solamente soñar. La ensoñación deja paso a la realidad que es aún más fascinante, cuando no se tiene miedo a afrontarla.

Es cierto que hay noviazgos que son una verdadera estafa, pura venta de fachada. También lo es, en algunos casos, que el noviazgo va creando una serie de «cercos», de dependencias, de chantajes afectivos, de compromisos, que acaban por anular la libertad. No es menos cierto que la prisa por irse de casa de los padres no es buena consejera. Dejémoslo constatado, y asumamos que el noviazgo ha sido un real proceso de conocimiento mutuo y de paso de la soltería a la pareja.

A pesar de todo puede y debe surgir la crisis. Si no se diera, sería señal de sumisión por una de las partes o de haber sido velada por alguna circunstancia. La concretaría en las siguientes necesidades:

- *La de amoldarse el uno al otro.* Cada uno es hijo de su padre y de su madre, procede de una familia con su «cultura» propia. Son los hábitos, las costumbres, las necesidades creadas, el modo de vivir, hasta las manías. Y se llega con las inmadureces, los egoísmos, los caprichos, las fijaciones mentales, los miedos y las perversiones. No es fácil acoplarse. Es un largo trabajo, fascinante, cuando se comprende que la vida hay que trabajarla, que el amor hay que currarlo, cuando hay generosidad y ganas creativas, cuando el amor es más que un sueño y es capaz de hacer la ofrenda.

• *La del encuentro sexual.* Desde los primeros pasos, los avances, los encuentros furtivos, desde la sexualidad soñada, romántica, de cine, desde las expectativas imaginadas, a la cama de cada día, fácil, sin emoción, pues ya no está prohibida.

La sexualidad conyugal no es una señal de salida. Pueden transcurrir meses hasta un encuentro en plenitud. Es un error creer que todo debe ser perfecto desde la primera vez, que es necesario tener relaciones antes para ver si ya está. Es un camino en el que se va, paso a paso, descubriendo el cuerpo del otro, creando un ritual de encuentro, un lenguaje, un verdadero diálogo entre los cuerpos, capaz de expresar los grandes valores de ofrenda y acogida, de aceptación de la realidad del otro, de su verdad, capaz de dar vida y recrearla, de enamorarla. Es un camino que va suponiendo la sintonía en las vidas, el encuentro amoroso de los sentimientos, la libertad y el dominio de cada uno, tan difíciles al principio. No es algo al margen. Todo el ser queda implicado. Hasta que surge la ternura, la verdadera compasión, la simpatía, por la que compartimos todo y lo expresamos.

• *La del dominio.* Porque el afán de poseer, de dominar, de poder, está grabado en nuestro ser, porque es difícil dejar ser. Y por el contrario, nos rebelamos ante la menor duda de ser dominados. Es una lucha sutil, sorda, pero real y absurda.

Ninguno puede dominar al otro, hacerlo depender, someterlo; y de alguna forma los dos necesitáis sentir la fuerza y el poder del otro. En algún momento sentís la necesidad de depender, de recibir seguridad.

No es fácil compaginarlo.

La crisis de la «realidad» a veces se encubre, se enmascara por el nacimiento del primer hijo. La esponsalidad cede ante la paternidad. La crisis queda encubierta, velada, sin superarse. Ahí se quedan. Es indudable que muchas parejas nunca la han superado. Se han condenado a sí mismas a repetir sus vidas interminablemente. Sus quejas, sus insatisfacciones, sus discusiones son siempre las mismas. Como críos. Es una fijación.

Es preciso meter horas de diálogo en la verdad, volver continuamente a las raíces de su amor. Hacen falta fuertes dosis de generosidad para saber cada uno renunciar a sí mismo y asumir al otro. Es el primer paso serio para llegar al *por ti.*

2 La de la rutina

La capacidad de superar una crisis da facilidad para superar las siguientes. De lo contrario, van superponiéndose, engordándose. La pareja empieza a distanciarse.

La crisis de la rutina ocurre en torno a los siete años de matrimonio. De la novedad que supone la convivencia, el nacimiento de los niños, las peculiaridades todas del nuevo *status,* se pasa a lo acostumbrado, lo habitual, lo sin sorpresas, que puede generar aburrimiento y rutina.

Por otra parte se han tocado ya los techos de la fragilidad de cada uno, ante los que nos resistimos con fuerza.

Nos cansamos. Estamos cansados ya de decirnos que nos queremos y no somos capaces de inventar nuevas fórmulas. Nos cansamos de hacer y decir las mismas cosas: «¡si sabré yo!»... Nos cansamos de vernos siempre en las mismas cosas, en las mismas insatisfacciones.

Nos enfríamos sexualmente. Tal vez ya hemos tenido los hijos responsablemente deseados y nos da miedo un nuevo embarazo.

Y vamos renovando parcelas de soltería, las vamos recuperando, despertando nostalgias.

Cuesta reconocer que la rutina no está ni en el amor, ni en la vida, ni en la profesión. Todo es cada día nuevo e insólito. La rutina soy yo. Soy yo porque he puesto *stop* a mi dinamismo, me he cansado de luchar, de trabajarme, de formarme, de investigar. Todo lo voy empapelando de rutina. Ni el crecimiento de mis hijos es capaz de despertarme.

En este momento es preciso repetir la luna de miel, aunque sea en el pueblo de al lado. Hay que volver a las raíces, a los inicios. Es necesario un nuevo compromiso de los dos para recuperar la admiración, para asumirse.

Es formidable pertenecer a una comunidad de matrimonios para ayudarse mutuamente, para abrir el abanico de la vida, de las mil facetas que no hemos llegado a descubrir en nuestro amor.

Esta crisis es menor si camináramos con el hábito de meter horas para el diálogo en la verdad, si no hemos dejado nada «enterrado», sin querer plantear ni resolver. Es aún mucho menor si hemos ido creciendo en la creatividad y hemos echado a volar la imaginación intentando hacer al amor cada día nuevo.

Puede ser que ni ocurra esta crisis. ¡Nosotros no somos rutina!

3 La de los ¡cuarenta!

Puede casi confundirse con la otra, pero tiene connotaciones propias, aunque a veces se superpongan y coincidan. En un plazo breve de tiempo dos jóvenes me hicieron una misma pregunta: *¿Qué les pasa a las parejas a los cuarenta?*

Distinguiría un triple nivel en esta crisis:

- *Crisis personal.* Cumplir cuarenta años no es cualquier cosa. Es un hito temido. Se es un cuarentón/a. Uno sabe que *ya* ha pasado el ecuador de su vida. ¡Que *ya!* «Pero no me resigno. Me siento joven. Me siento con reaños. ¡No soy un carroza!» Surge una tentación sutil, sorda: la de volver a empezar. «Ya he vivido una vida, quiero vivir otra, quiero volver a vivir. ¡He quemado tontamente los años de mi juventud! En la inconsciencia. ¡No he vivido! Quiero volverme a enamorar, volver a vivir un nuevo romance, una nueva pasión, quiero empezar algo que, por ser nuevo, sea limpio. ¡Tengo derecho a realizarme!»

Cuántas veces escuché éstas u otras expresiones similares. Empieza el cuarentón esa nueva carrera de vestirse como los jóvenes, de decir lo de los jóvenes, de hablar como ellos, de echarse su canita al aire, de los ligues. Un cuarentón/a tiene su atractivo: experiencia, posición, buen ver. «¡Nadie diría que tenga la edad que tengo!»

• *Crisis de la pareja.* En consecuencia, crisis de infidelidad, de «adulterio», aunque no se consumara nunca, aunque sólo fuera en sueños y en deseos.

El otro, hasta en su cuerpo, es un recuerdo vivo de muchas desilusiones y problemas no superados. Aparece la necesidad de una nueva compañía, pero sin la imagen que pesa sobre toda relación matrimonial. Se busca una relación de amantes, sin cargas ni responsabilidades que puedan generar una historia de sacrificios y equivocaciones. Es la utopía del amor, de esas nostalgias que aparecen recubiertas de encantos y que después sólo son vacío, sufrimiento de muchos, desencanto. Una y otra vez se repite la misma historia.

• *Crisis de los hijos.* Superada la edad feliz de la madurez de la infancia, van entrando en las edades difíciles, insoportables tantas veces. Su conducta se hace insospechada, imprevisible, con frecuencia cargada de agresividad y desprecios.

No estamos preparados. Nos enfrentamos, nos desautorizamos o simplemente no nos ponemos de acuerdo. En lugar de intentar comprender lo que están viviendo, vamos creando un clima de tensión que endurece las relaciones, con ellos, entre nosotros. Empezamos a sospechar que no lo hemos hecho bien, nos culpamos mutuamente.

La de los cuarenta es una de las grandes crisis de la vida. De su resolución van a depender muchas cosas, sobre todo la plenitud de la pareja en la segunda parte de la vida que podría ser tan feliz, y el bienestar de los hijos en esas edades difíciles de la pubertad y adolescencia.

Salir de esta crisis supone una decisión radical que algún día, consciente y explícitamente, hay que tomar, en el fondo del ser, en la verdad de uno mismo. Es la decisión de jugármelo todo, pase lo que pase, hasta el final, en fidelidad a lo que vi claro en mi juventud. Es negarme a volver la vista atrás, a jugar con nostalgias, a dejarme invadir por insatisfacciones. Es la decisión absoluta de adoptar la bondad como norma de vida, de negarme radicalmente a hacer daño, de intentar por todos los medios ser felices.

Para poder tomar consciente y explícitamente esta decisión serían recomendables unos buenos ejercicios espirituales en pareja o un viaje especial que hiciera posible un diálogo en profunda sinceridad.

Es un paso a dar: nadie lo puede eludir.

4 La de las «pausias»

En estrecha dependencia de la anterior, es como un preludio, un prólogo de un final que, aunque probablemente lejano, empieza a asomar en el horizonte de la vida. Nos vamos secando, empiezan a aflorar pequeños trastornos biológicos y psíquicos. Nos volvemos irritables, más sensibles y difíciles.

Los hijos ya se han ido y nos quedamos solos. Volvemos a encontrarnos cara a cara. Lo que quedó sin solucionar vuelve a reflorecer. O, por el contrario, como ocurre cada vez con más frecuencia, los hijos no acaban de irse y nos ofrecen un lamentable espectáculo como parásitos.

Esta crisis, si se superpone a las anteriores sin resolver, es terrible. Los esposos empiezan a distanciarse, a ignorarse. Fluye en ellos una fuerte agresividad en su vivir en permanente discusión y a veces llegan a odiarse.

Esta edad puede ser, sin embargo, el momento de un nuevo florecer del amor, de una nueva pasión y enamoramiento. Hay parejas que en este momento parecen novios. «Somos dos seres nuevos», me decían unos esposos. Es el fruto del trabajo personal, del diálogo perseverante, del caminar en búsqueda del *por ti,* de la capacidad de ir redescubriendo, recreando el amor.

Un elemento creador de ilusiones son los nietos. Ellos van siendo nuevas razones para vivir. La «abuelez» es un sentimiento especial.

5 La de la vejez

Hoy día hay una fuerte crisis en los setenta. Ser viejo en nuestra sociedad, en un mundo que envejece y que idolatra a la juventud, no es fácil.

Estamos ya jubilados y el mañana no ofrece un horizonte de ilusiones. Volvemos la vista atrás, vemos la vida ya pasada, tal vez no muy llena, nos sentimos culpables, nos lamentamos. El viejo tiene cada vez más el sentimiento de ser un estorbo, de que no se cuenta con él.

Los trastornos fisiológicos, las invalideces posibles, pueden hacer muy dura una vida que hoy se prolonga por muchos años. El desamor de los hijos, tan frecuente, la erradicación del *hábitat* de su vida, el sentirse encerrado en pisos diminutos compartiendo hasta habitación con los nietos, la hacen más difícil aún.

El no haber descubierto el diálogo de los cuerpos, la ternura del encuentro erótico en la sexualidad, seca una fuente de dulzura que sin la pasión de la juventud es un gran consuelo para muchos en su ancianidad.

La inseguridad económica, los miedos de no poder llegar hasta el final, añaden un nuevo factor en este elenco de calamidades.

Pero, y ésta es una gran verdad, todos hemos visto esas parejas que han llegado a su ancianidad tomados de la mano. No he podido resistir la tentación de preguntarles: «Después de toda una vida, de tantos avatares, ¿qué es el amor?» La respuesta, con unas u otras palabras, ha sido por lo general la misma: «Amor es que ella sea feliz, que él sea feliz». Cada uno no existe más que para el otro. *¡Por ti!* Es la plenitud, la santidad del matrimonio.

Descubrir las innumerables posibilidades de hacer un servicio callado, gratuito, eficaz, descubrir tantas cosas que permite el tiempo libre en los campos de la cultura, la oración, el deporte tranquilo, las vacaciones, las conversaciones, las partidas, el juego con los nietos... son tantas otras facetas que llenan la vida gratificantemente, y nos disponen para la ofrenda final.

6 La de la viudedad

Es la última y definitiva crisis de la pareja. Ese hombro en el que podía reclinar mi cabeza ya no está. Dura soledad, pues no dejáis de ser pareja.

El matrimonio es una realidad de este mundo, y como tal es temporal, efímera. Un día termina. No hay que ocultarlo, ni negarse a pensarlo. Hacerlo os ayudará a:

— No olvidar que el único absoluto es Dios. «Tu esposo es tu creador», como dice Isaías. No podéis poseeros. El otro es un don que te hace tu creador, un camino en que se te hace presente.

— Un día deberás hacer la ofrenda de ese don que recibiste como una simiente. «Aquel muchacho/a que un día, Señor, pusiste en el camino de mi vida, el gran don que de ti recibí, ha llegado a su plenitud, ha cumplido sus días y hoy te lo ofrezco. Puse mi empeño, desde mis pobrezas, por acompañarle, por darle fuerza y luz. Le di ternura y exigencia, por mi amor. De ti lo recibí, Señor, en promesa, y hoy te lo ofrezco en plenitud. Por él/ella viví, fui feliz y quise hacerle feliz. Gracias, Señor.»

— Aunque sea menos romántico, tened la previsión de no haceros inútiles el uno al otro a lo largo de la vida. Que cuando uno falte, el otro pueda seguir viviendo sin excesivos traumatismos. Que al menos sepa dónde están las cosas y cómo funcionan.

c) Buceando en las causas

No es difícil hacer una larga enumeración de las causas más frecuentes de las crisis conyugales. La vida misma es crisis. Los tiempos en que vivimos lo son también.

Pero hay algunas que se interfieren, que agrandan las crisis, que están en sus raíces. Estar atentos a ellas nos ayudará a solventarlas, a entenderlas, a reírnos un poco de nosotros mismos y a relativizar las cosas:

- *Todas las formas de inmadurez personal.* Es preciso entender la vida como un trabajo. Hay unos mínimos de madurez ante los que somos inexcusables. Un excesivo egoísmo, posesividad, agresividad, celos, incomunicación... lo hacen todo muy difícil.

- *La falta de entendimiento sexual, el no llegar a descubrir ese modo nuestro de encontrarnos, de gratificarnos, de expresarnos en el lenguaje amoroso de nuestros cuerpos.* Los hay que desisten y se resignan, en lugar de buscar una mayor calidad a lo largo de toda la vida. Sin sexualidad no hay vida conyugal. La calidad de la vida sexual es un termómetro de la buena o mala vida conyugal.

- *Los hijos, en sus momentos difíciles y cuando toman rumbos que no concuerdan con los nuestros.* Por falta de acuerdos en nuestras actitudes educativas, cuando más unidos deberíamos estar, cuando más necesitan ellos que estemos unidos, es cuando empezamos a distanciarnos.

- *La intromisión de las respectivas familias, porque es tan difícil dejar irse de verdad a los hijos, darles su vida, que les pertenece.*

Son tantos comentarios, pequeñas ironías, actitudes que provocan recelos, y es tan importante para cada uno su propia familia, que muchas parejas no han podido nunca ser ellas mismas, vivir su propia vida.

• *Las enfermedades, las ruinas económicas, los descalabros profesionales, el paro, la infidelidad...*

Quisiera detenerme en dos causas que aparecen como las más repetidas, las más importantes y que más infieren en la educación de los hijos:

— *La falta de diálogo.* Es un hecho sin discusión que detrás de una pareja que funciona bien hay mucho diálogo. Horas de diálogo, tardes enteras o buena parte de ellas sistemáticamente, al menos una vez al mes. Se convierte el diálogo, que no es fácil al principio, en lo más bello del matrimonio, en condición indispensable para otros encuentros.

El diálogo impide que nos «traguemos» nada, que se incuben las distancias, que crezcan raíces venenosas. Permite, por el contrario, que todo se vaya solucionando, que la reconciliación sea posible día a día.

Y por más que digamos, se habla muy poco, o no se habla más que en las necesidades, para reprochar o quejarnos, en el «fuego», detrás de nuestras trincheras, o para decir tonterías contradiciéndonos en las más pequeñas cosas.

Los jóvenes que han crecido en ese caldo de cultivo tan especial de la comunicación, de la puesta en común, poseen un tesoro, pasarán más fácilmente sus etapas difíciles.

— *Ese juego del machismo y del matriarcado,* que convierte el eje madres-hijos en el eje vertebral de la familia. De hecho, bastantes mujeres son magníficas madres y no tan buenas esposas. Y otros tantos varones son muy buenos «hijos» y pésimos esposos: «Estoy harta de tener un hijo más en mi marido. ¡Yo quiero un hombre!»

Es la consecuencia de que sólo la madre eduque a los hijos, vuelque en ellos una afectividad que no es capaz de llenar en lo esencial. El hijo se habitúa a vivir con una «mujer que satisface mis necesidades». Esa posición existencial la llevará luego al matrimonio.

La hija calcará ese modelo de identificación.

Aunque pueda chocaros, debéis pensar que educar es formar a los hijos para ser pareja, ir despertando en ellos todas esas calidades latentes en su ser que les harán capaces de ser pareja. Muchos hombres y mujeres tienen un corazón solterón por más que se hayan casado. Y aquí, aunque extrañe, está la raíz de muchas crisis.

Ha sido un largo camino, de crisis en crisis. No podemos cerrar los ojos al proceso. El matrimonio es un camino para ser feliz, no debe ser una realidad atroz. Hay que trabajarlo. Para crecer sin descanso, para ser fieles hasta el final, para ser felices.

CUESTIONARIO

1 Para la reunión de equipo

1 Cualquier crisis es signo de vida, de crecimiento, una llamada a un mejor amor. Crisis no es equivalente a fin:

— *¿Cómo se plantean, en vuestro ambiente, las parejas sus crisis?*

— *¿Se resignan, o buscan ayuda, trabajan por salir, dialogan...?*

— *¿Se somete uno de los dos por sistema?*

2 El hacer una lectura a la vez pormenorizada y escueta, de crisis, ¿tiene un efecto negativo en vosotros? ¿Podríais analizar las ventajas de un conocimiento global de dificultades como éste?

3 Ese paso «etimológico» del matrimonio a la pareja:

— *¿Es ya realidad en vuestro ambiente?*

— *¿Lo es en vosotros?*

— *¿Qué aspectos, en general, son los que más tardan en producirse?*

4 En el apartado *b* se enumeran seis crisis «habituales» en la vida de una pareja:

— *¿Os resulta fácil identificarlas en vuestra experiencia?*

— *¿Relativizaríais alguna de ellas? ¿Añadiríais otras?*

5 Sobre las causas:

— *¿Cuáles son en vuestra opinión las principales?*

— *¿Qué otras añadiríais?*

— *Entre las soluciones insinuadas, ¿cuáles os parecen fundamentales?*

6 La reflexión hecha, ¿os tranquiliza, os da fuerzas?

Saber que todos viven las mismas cosas, más o menos, y cada cual a su modo, ¿os ayuda a relativizar vuestras propias crisis? ¿Estaríais dispuestos a ayudar a una pareja en crisis?

2 Para el diálogo de la pareja

1 Tomad conciencia de las veces en que os acostasteis enfadados, sin despediros, «lejos» uno del otro. ¿Cuáles son las causas que más se repiten?

2 En la lectura de este capítulo, ¿en qué cosas os habéis visto de alguna forma «retratados»?

3 ¿Tenéis, cualquiera de los dos, la sensación de que hay entre vosotros cosas con las que ya «no hay nada que hacer», «es imposible hablar»... y que son la fuente principal de vuestras crisis? Tened coraje para concretarlas.

4 Todos sabemos el perjuicio de silenciar situaciones; arrastrar, sin solucio-

nar, conflictos durante mucho tiempo... Aunque os haga sufrir —el amor hay que purificarlo, curarlo—, ¿por qué no dais de buena fe un paso adelante y os planteáis esas cosas? Cediendo cada uno, no uno solo, todo se puede ir solucionando.

5 ¿Habéis ayudado en sus crisis a alguna pareja? Sin ser «plomos», ¿podríais preocuparos, acogerlos, escucharlos, acompañarlos cuando sabéis que lo están pasando mal?

6 Reiteraos de un modo formal el compromiso del matrimonio. Compromiso de haceros felices, de jugároslo todo el uno por el otro. E informalmente, celebradlo.

5
El matrimonio: sacramento - vocación - celebración

1 El matrimonio sacramento

El fundamento de una espiritualidad conyugal para cristianos está en el hecho de que el matrimonio es un sacramento. ¿Pero qué significa esto?

Cuántas veces oímos decir: «¡Es que el matrimonio es un sacramento!» Si se te ocurre preguntar: Eso ¿qué significa? ¿Qué quiere decir? ¿Me lo puedes decir en unas palabras claras que yo las pueda entender?, oirás decir que significa que el matrimonio es algo muy grande, que es algo sagrado. Y eso es verdad. Pero ¿qué más? Con eso no me aclaras qué significa que el matrimonio sea un sacramento.

La más divertida versión que escuché la refirió un médico a quien acudió una buena mujer diciéndole: «Doctor, tengo un problema cada vez que mi marido me administra el sacramento del matrimonio...». Pero sigamos en serio.

Oirás decir que es un compromiso que adquirimos con Dios. Dios tiene algo que ver en nuestra relación. Él es quien bendice nuestra unión. Y esto también está muy bien, también es verdad. Pero ¿qué más?

Alguien te llegará a decir que es un sacramento porque es un signo de la alianza de Dios con los hombres. Es decir, que al ver cómo se aman hombre y mujer, podremos llegar a vislumbrar cómo nos ama Dios. Y es bonito, al ver cómo se aman algunas parejas, pensar que es así como Él me ama. Y todavía se quedan lejos; el amor de Dios es aún mayor. Y todo eso también es verdad, pero seguimos en la periferia de las cosas.

Es necesario ahondar más. Tenemos que profundizar en el sentido del sacramento para entendernos.

1 Necesidad de los signos para el encuentro personal

Todos somos conscientes de la profunda soledad del «yo». Asumir que soy distinto, que soy único e irrepetible, que estoy «separado», es un duro trabajo. Más aún: con qué dificultad me hago entender, qué mal comprenden lo que digo y lo que hago, cómo se interpretan de mal tantas veces mis cosas. ¿Qué hacer para estar *en ti,* para que tú estés *en mí,* para entenderte *desde ti,* para que me entiendas *desde mí*? ¿Cómo hacer para presuponer, de entrada, que no hay mala intención en lo que nos decimos?

El *yo* profundo y espiritual del hombre sólo se presenta y se comunica a través de su realidad corporal:

- El cuerpo es lo que te determina como persona: ése eres tú para los demás.
- El cuerpo te «revela»: tú te asomas al mundo de las personas y de las cosas a través del cuerpo.
- El cuerpo es el «lugar» de tu ofrenda.

Son tus ojos, tus palabras, tus gestos, la risa y las lágrimas, tu actitud... los que dicen quién eres tú, cómo estás tú, qué sientes y qué piensas.

Son tus realidades corporales las que expresan y revelan tu yo profundo. Sólo a través de signos, de realidades corporales puedes encontrarte con el yo del otro.

Ejemplos

- Para expresar el gozo: se iluminan los ojos, sonríes, lo dices.
- Para expresar la amistad: das la mano, un abrazo, un beso, un obsequio, lo dices.
- Para expresar el dolor: contraes tus músculos y tus miembros, lloras, lo dices.
- Para expresar la entrega total: la oblación de tu cuerpo, tus palabras.

  De este modo, los signos de mi cuerpo dejan de ver mi yo: lo hacen presente.

Condiciones

1 Tienen que ser claros, comprensibles, que se vean, que se entiendan.
2 Tienen que estar «en situación», ser adecuados y apropiados para esa persona y en ese momento.
3 Deben expresar una verdad y traer una presencia.

a) Que sean claros

Porque podemos llegar a ser muy complicados, y hacer incluso daño cuando queríamos expresar amor. Deben ser claros, evidentes. No se pueden suponer: *Si ya sabes que te quiero*... Pero no lo dices, no lo expresas. No basta con lo que es habitual, con lo que entendemos que es el deber. Y sobre todo, deben ser gratuitos, no un instrumento de cambio o de refuerzo. En esta línea, uno de los signos más claros es la dedicación del tiempo libre.

Cuanto más grande es el amor, más capaz es de expresarse en cosas muy pequeñas, más capaz es de descubir amor en cosas muy pequeñas.

b) «Estar en situación»

Ser adecuados para esa persona y en ese momento. Hay signos adecuados para un niño, pero no para un adulto. Adecuados para un familiar, pero no para un extraño. Adecuados para un día de júbilo, pero no para un día de llanto... Es cuestión de sensibilidad y de buen gusto.

c) Traen una verdad, una presencia

Suponen sinceridad. Si entregas tu cuerpo, pero dentro hay desprecio e incluso asco; si sonríes, pero no has perdonado; si dices... pero no es verdad; si das cosas, pero no te das tú...

A través de los signos se vive el encuentro personal *tú-yo,* con esa triple condición. Cada persona tiene una sensibilidad propia para los signos. Hay quien se conmueve por una flor y quien no. Hay quien se impresiona por las lágrimas o por cualquier pequeño detalle, por una música, por tales palabras, por tal plato, y hay quien no. Debo descubrir y conocer los signos válidos para cada persona y no empeñarme en expresar los gestos que yo quiero pero que al otro no le gustan.

Cada pareja tiene una sensibilidad específica por tales palabras, y tales gestos, que son suyos específicos. Potenciar y enriquecer lo que es propio y específico va enriqueciendo y cualificando el encuentro.

2 También el encuentro personal con Dios ocurre a través de signos corporales

Dios no tiene una corporalidad como la nuestra. Él es *Espíritu.* No podemos ver su «yo» con nuestros ojos corporales, ni oírlo, ni tocarlo... en esta vida. Sabemos que en la otra nuestros cuerpos resucitados estarán capacitados para hacerlo.

Por eso Dios ha tomado de entre nuestras realidades, de esas que nosotros podemos palpar, algunas cosas como «lugares» de encuentro con Él para nosotros. En ellas, por su significado peculiar, Él se hace presente para hacerse «visible» de alguna manera, para poder vivir un encuentro personal con cada uno.

Él las ha escogido porque sólo Él permanece a lo largo de los siglos: las generaciones de los hombres se suceden, nadie se queda. En este punto plantean algunos sus problemas: «¿Por qué tiene que ser así? ¿Por qué participar en la Eucaristía? ¿Por qué recibir el perdón de Dios de ese modo?» Él ha querido sellar su amistad con los hombres de esta forma. No hay otro motivo. Solamente el amor nos puede ayudar a asumir y a comprender su «estilo». Como pasa en la pareja.

Estos «lugares» de encuentro personal, en los que Él se hace presente de un modo privilegiado, son:

- *Unas realidades materiales:* el pan y el vino, el agua y el aceite, que al ser «transformados» por la bendición transmiten la *vida* en la Eucaristía, el Bautismo, la Confirmación y la Unción de los enfermos.

- *Y además dos realidades personales:* el sacerdote y la pareja. Son personas que al ser «transformadas» por la bendición y el consentimiento mutuo, respectivamente, transmiten el amor de Dios, hacen presente a Dios. En el Orden es su amor universal, sin distinción a toda criatura. En la Penitencia su perdón, siempre disponible. En el Matrimonio, su amor personal, su ternura.

Por tratarse de personas, además de la bendición o el consentimiento, entra en juego su libertad: deben querer dejarse transformar por el amor.

Estos signos corporales que hacen posible el encuentro personal con Dios se llaman sacramentos. Esta palabra (*sacra* = cosas sagradas; *mentum* = menciona, hace presente) distingue a estos signos en su uso. Si los empleamos naturalmente, también nos «hablan de Dios»: toda la creación nos habla de Él. El agua y el fuego, el mar, los montes, los peces y las aves, todos los seres vivos, lo pequeño y lo grande... Todo nos habla de Dios, si tenemos fe; es decir, si tenemos amor. Del mismo modo que tantas cosas te «hablan» de tu mujer y te la evocan, si eres un esposo amante y viceversa.

Pues bien, cuando estos signos, por la bendición, se transforman para su uso religioso, para el encuentro con Él, quedan como «habitados y transfigurados» por Dios. En ellos está la presencia para el encuentro, para la salvación, para el amor.

3 El matrimonio sacramento del amor de Dios

Dios es Amor y se siente impulsado a dar el ser, la vida, a otros seres a quienes amar y por quienes ser amado. Dios crea así al ser humano, a su imagen y semejanza. «A su imagen los creó, hombre y mujer los creó.» La pareja humana es la imagen de Dios. El amor humano es la imagen y semejanza del amor de Dios. Por eso el ser humano lleva marcado hasta en su cuerpo, por el sexo, su condición de *ser para* otro, de estar creado para el amor. El hombre es *para* la mujer; en su cuerpo lo lleva. La mujer es *para* el hombre. El hombre no puede encontrar en sí mismo el principio de su realización, de su plenitud. Cuando se da, cuando ama, cuando es *para,* entonces lo consigue. Tanto más plenamente será él cuanto más total sea su donación.

El hombre o mujer consagrados viven en otra dimensión su ser *para.* En una dimensión de universalidad: es *para* todos, especialmente para los más desasistidos; es *para* Dios. Esta dimensión del consagrado recuerda a los esposos dos cosas:

> *1* Que su amor conyugal es «efímero». Es decir, un día la muerte los separará. Que en definitiva están hechos para Dios: «Tu Dios es tu Creador». Que no pueden adorarse uno a otro. Que aman a Dios en el otro y construyen así lo eterno con lo temporal.
>
> *2* Que su amor conyugal, aunque es exclusivo, debe significar apertura: «En ti amo yo a todos», y no un encerrarse en un «egoísmo a dos».

Desde el principio, el amor de pareja fue un signo del amor de

Dios a los hombres. Era una realidad de la creación que hablaba de Dios. Por todo el Antiguo Testamento vemos cómo el mismo Dios, a través de sus Profetas (que hablaban en nombre suyo), se sirve de esta realidad natural para hacernos entender que es un Dios que nos ama.

En la plenitud de los tiempos (cuando nos lo habló todo por Jesucristo, Dios con nosotros, salvador de nuestro ser y de nuestras realidades), quiso que el amor conyugal fuera un sacramento, un lugar de encuentro, una presencia suya, por el consentimiento, si los esposos se dejan transformar. El amor de Dios, por el Espíritu, «habita y transfigura» el amor de los esposos y toda su realidad.

4 Vosotros sois un sacramento

El matrimonio no es un sacramento tan sólo en el momento del consentimiento, ni es algo que se recibe como un aditamento de la persona, sino que transforma a la pareja humana y permanece para siempre: sois un sacramento; vosotros como personas y como pareja sois un lugar de encuentro con el amor de Dios para los demás.

Pero del mismo modo que no todos los signos con que os relacionáis en la vivencia de vuestro amor os hacen sentiros igualmente presentes el uno al otro, así también hay sacramentos, hay signos que de un modo privilegiado, no sólo nos hablan de Dios, sino que causan su presencia. Así el perdón no sólo nos habla de la misericordia de Dios, sino que causa su presencia misericordiosa. Así el pan no sólo nos habla de un Dios que lo es para todos, sino que causa su presencia para todos. Así el matrimonio no sólo nos habla del amor que Dios nos tiene, sino que causa su presencia amorosa en ti y en mí, para todos.

Y así resulta que tú eres para mí el sacramento, la posibilidad de encuentro con el amor de Dios, y yo lo soy para ti. El uno para el otro somos el primer sagrario, la primera escritura, la primera palabra. Es Él quien en mí te ama, te comprende, te perdona... y nunca soy más yo, más plenamente yo, que cuando es Él quien con mi vida, mis manos, mis labios y mi corazón se acerca a ti.

Y no termina aquí la realidad de este sacramento. Tú y yo, marido y mujer, somos sacramento para nuestros hijos. El primer «lugar» desde el que nuestro buen Dios se les va a acercar, les va a llamar, bendecir, proteger, hacer libres...

Y aún más: nuestro hogar, esta «primera» Iglesia, deberá ser para cuantos allí lleguen, sacramento, posibilidad de encuentro con Dios. Un «lugar» desde el que nuestro buen Dios pueda acoger, comprender, escuchar, atender... a cuantos vengan.

Tendríamos que acercarnos al Evangelio para descubrir su «llama oculta», el rostro vivo de ese Jesús que se acercó a tantas personas. Tendríamos que entender qué significó para cada uno de ellos aquel encuentro. Y pensar que si «es Cristo quien vive en mí», yo, desde mi pobreza, tengo que propiciar ese mismo encuentro.

Tendríamos que entender qué significaron para Jesús y para quienes se encontraron con Él vivencias como:

— Estar atento al que sufre.

— Llevar una salvación a quien lo precisa.

— Comprender y perdonar.

— Llamar.

— Llevar una luz.

— Darlo todo, ofrecerse en un permanente «¿Qué quieres que haga por ti?»

— La ternura, la firmeza.

— Compartir las alegrías y las penas...

Habituarnos a descubrir en lo pequeño, en lo insignificante, en lo más débil a nuestro Dios, creador todopoderoso. Ese Dios que se hace presente para nosotros en un poco de pan, en vino, en unas gotas de agua... Como María lo descubrió y lo acogió en aquel niño como todos. Hacer posible en mí para ti esa presencia, ese encuentro.

Y él será en mí para ti la fuerza del don sin reservas, del perdón permanente, de la comprensión y de la ternura, de la exigencia y de la fidelidad. Él será en mí todo para ti, y en ti todo para mí. Él será cada día en mí una nueva oportunidad para ti, porque Él en mí siempre cree en ti y te espera y te ama.

Y los dos lo seremos para nuestros hijos, y nuestro hogar lo será para todos.

5 Si os dejáis transformar

El sacramento tiene como fin la comunión. Ser en Cristo una sola cosa: «Es Cristo quien vive en mí, quien vive en nosotros».

Hay que dejarse transformar por Jesucristo. En la lectura ardua del Evangelio lo vamos conociendo; en la oración vamos profundizando en su intimidad; en los sacramentos alimentamos y restauramos la comunión de amor.

Hay que dejarse transformar porque nuestro amor necesita ser curado. Son muchas las heridas del amor en cada uno.

Hay que dejarse transformar porque la vida no es fácil, los sacrificios a veces son grandes, y fácilmente nos rompemos.

Sois un sacramento desde ya. Pero vedlo también como un proyecto de futuro: «Algún día lo seremos más perfectamente». El diálogo conyugal en verdad. El vivir uno para el otro en las pequeñas cosas. El cultivar diariamente vuestro amor, recreándolo. El dedicar tiempo a lo que es importante. La oración conjunta y la palabra... Todo eso hará que cada día seáis más transparentemente un sacramento, que cada día más puramente Dios esté presente en vosotros y llegue a través de vosotros a cuantos se os acerquen.

El sacramento, os decía, es el fundamento de la espiritualidad conyugal. Orienta nuestras vidas, nuestro trabajo, nuestros ocios y diversiones, nuestros compromisos y responsabilidades con esa luz capaz de hacer posible en nosotros su presencia, el encuentro. Orienta el modo de nuestra relación con Él, entre nosotros, hacia los demás. El sacramento hace clara la ascética de una espiritualidad conyugal al llamarme ininterrumpidamente a superar en mi vida todo lo que pueda ser un obstáculo para su vivir en mí, para hacer posible el encuentro en mí. Y por fin, el sacramento es el fundamento de la mística: hacer verdad el dicho de San Pablo: «Es Cristo quien vive en mí». Hacer crecer ese Dios en mí para ti, para nuestros hijos, para los demás. Porque nosotros somos el sacramento.

Sé que al deciros todo esto os transmito algo que es muy grande. Algo que está en la tradición del cristianismo, y sobre todo algo que yo he aprendido al conocer a Jesús en el Evangelio y al conoceros a vosotros en la vida. Porque yo veía en vosotros, en la realidad, lo que allí leía en la Palabra. Lo veía como un germen, o como un tallo crecido. Lo veía a través y a pesar de esas mil debilidades, rabietas, caprichos, enfados... que salpican vuestras vidas, pero que no impiden ver al Invisible que está en vosotros.

Porque ¿quién de vosotros puede decir que no ha conocido a esas personas que transparentan a Dios? ¿Quién no ha conocido a esas personas que siempre son bondad, que siempre tienen una palabra de salvación que dar, que saben escuchar y comprender, que te dan cada vez una nueva oportunidad, que te transmiten una alegría y una esperanza? ¿Y quién no ha conocido a parejas así?

Ser tú a mí y yo para ti otros Jesús, *alter Christus,* es sin duda el fundamento y la fuerza de una espiritualidad conyugal.

En verdad el matrimonio es algo muy grande, muy sagrado. Es algo de «nosotros con Él», es un signo de su alianza. Pero es mucho más. ¡Que Él lo haga en vosotros!

2 El matrimonio vocación

Hemos restringido excesivamente en su uso el término *vocación.* Cuando se dice de alguien que *tiene vocación,* entendemos que será religiosa, religioso o sacerdote.

Es importante recuperar su sentido universal. Tener vocación significa estar llamado a algo. A tantas personas que se lamentan de no encontrar sentido a su vivir, que se quejan de no ser útiles, de no hacer nada... les vendría bien saber que han sido llamados a *vivir,* a ser felices, a convertirse en llamada para los demás por el amor y el servicio. Ésta es la primera vocación universal para todo ser humano, la primera llamada del buen Dios, que pide una respuesta.

Más aún: cada criatura ha sido llamada a ser *ella misma.* Cada presencia humana es distinta, con sus peculiaridades propias, su corporalidad y su manera de ser. Es una vocación concreta ante la que somos inexcusables, es todo el «trabajo» por buscar nuestra verdad, por vivir desde el amor y el servicio, desde la libertad y la coherencia; trabajo para no estar a merced de las fuerzas ciegas e impersonales que desde nuestro interior nos «hacen ser» y no nos «dejan ser», por no estar tampoco a mercer de tantas fuerzas que desde fuera quieren manipularnos para hacernos a imagen y semejanza de sus intereses.

Por el Bautismo, los cristianos somos llamados a ser hijos de Dios, a vivir otra *vida,* que es la de Dios, que se nos da gratuitamente. Siguiendo la llamada de Jesucristo, Dios para nosotros, el cristiano es llamado «al más». El *ven y sígueme* es una llamada universal para cuantos vivimos de la fe en Jesús. Estamos llamados a «venderlo todo» y a seguirle para encontrar en Él sólo la plenitud y la dicha.

Llamados a vivir, a ser; llamados a ser nosotros mismos; llamados a hacer de nuestra vida un don en Jesús, descubrimos un horizonte lleno de luz, capaz de saciar la búsqueda de sentido de cualquier criatura.

Dentro del cristianismo, al interior de cada vocación personal, hay dos grandes llamadas, dos modos de ser cristiano en seguimiento de Jesús, dos grandes vocaciones en las que se resume la vida cristiana:

• *La consagración a Dios* en el sacerdocio o en cualquiera de tantas formas de vida religiosa célibe; e incluso en el celibato consagrado abierto, si llega, a la posibilidad del matrimonio, como seglares.

• *El matrimonio,* vocación específica «que no a todos ha sido dado», como lo recordaba Jesucristo. El matrimonio, opción vital que pone en juego toda la vida, en una ofrenda para siempre; sacramento que hace presente el amor y la ternura de Dios, es una hermosa y gran vocación, es «nuestra» forma de ser cristianos.

Permitidme transcribir el testimonio de un joven en el momento de descubrir en su prometida la vocación:

> «*E Isabel. Ha sido la* gran llamada, *una revelación. Empezar a verla a mi lado como algo lleno de Dios, que Él pone junto a mí, que es mi vocación, donde el amor de Dios es tan grande que me confía a mí su* recreación, *es alucinante. Es difícil ahora ver las cosas sin que esa fortísima sensación de amor de Dios, de don y de vocación deje de estar presente. Ella tiene que ser mi oración. ¡Qué maravilla!*»

Podríamos adentrarnos, como en un sueño, en esta bella meditación. Como pareja, hemos sido llamados por Dios. ¿A qué?

1 A la santidad: de un modo específico. Un día podré decirte con verdad que toda mi vida es *por ti,* que todo en mi vida es *por ti.* Que ya nada se interpone entre tú y yo. Que tu yo y el mío han muerto para dejar surgir el «nosotros», en el que nuestro yo particular alcanza su plenitud, resucita.

Desde nuestras insatisfacciones, egoísmos, caprichos, perezas... vamos caminando en el amor, hemos aprendido a ceder, hemos puesto en juego nuestra generosidad y lo mejor de nosotros mismos. Hemos aprendido cada uno a vivir *por ti,* y los dos juntos a vivir *por Él, con Él y en Él.*

Os invitaría a que al participar en la Eucaristía, al repetir las palabras con que concluye la plegaria eucarística, os tomarais de la mano. En esas palabras hay una clave de la vocación de la pareja: «Por Cristo, con Él y en Él, a ti, Dios Padre...».

Es una llamada al más, al don total, a la ofrenda sin reservas, a la radicalidad del amor.

2 El otro es un *don* que Dios te hace, en el que Él se te da. Es un don como *en simiente,* como *en promesa;* es un don que se confía a tus cuidados, a tu amor, a tu verdad, para que lo *recrees*, para que lo hagas caminar hacia su plenitud, para que puedas hacer la más bella de tus ofrendas: «Señor, aquel muchacho/a que pusiste ante mí, que confiaste a mis cuidados y a mi ternura, ha recorrido un largo camino, ha crecido en amor y en libertad, ha sido feliz, ha ido acercándose en Ti a su plenitud; Señor; ésta es mi ofrenda para Ti».

Es una llamada a la ofrenda, al trabajo, a la creatividad, al amor.

3 Llamados a ser *uno*, y hacer así presente a nuestro Dios que es comunión de amor, uno en la Trinidad. A ser *uno* sin dejar de ser cada uno el que es. Si buscáis realizaros, ser felices, poseer la «inmensa alegría» de que nos habla la liturgia, llegad a ser *uno*, a ser *comunión*, a ser *nosotros*.

4 Llamados a vivir, a hacer real, un acontecimiento: la alianza de Dios con los hombres. Debéis llegar, desde el *por ti*, a amaros de tal manera que quienes os vean puedan comprender el amor personal de Dios por cada ser humano.

Es un gran acontecimiento, una gran noticia, algo que ocurre y debe ocurrir a lo largo de cada día, de toda la vida. Estáis llamados a amaros como Él nos ama: sin reservas, hasta dar la última gota de su sangre. Llamados a ser el sacramento de su ternura.

5 Llamados, en fin, a constituiros en *llamada* para los demás:

- Llamada a la vida, en los hijos, en su concepción y cada día de sus vidas; para cuantos se acercan a vosotros. Vuestra vocación os debe impulsar a ser en cada momento, en cada acción una llamada a la vida: por vuestro testimonio de amor, por vuestro servicio, acogida...

- Llamada a la libertad y al amor, a la verdad, a la justicia y a la paz...; llamada a tantos valores que significan nuestra vocación cristiana.

- Llamada para descubrir a Dios, porque nada como el amor abre el corazón del hombre al amor de Dios.

Pero me diréis, ¿esto puede ser algo más que un sueño? Éstas y otras muchas llamadas particulares más son posibles porque el amor de Dios, su Espíritu, está en vosotros. Sin Él no podéis. Pero de Él, hombre y mujer recibís *poder* y *fuerza*, como la tuvieron María y José y tantas otras parejas que se decidieron, movidos por la fe, seguir a Jesucristo.

En la oración, en la ternura, en el *por ti*, en la dedicación al amor de cada día, en el discernimiento del querer de Dios, en el servicio y en el compromiso recibís ese Espíritu que «derrama en nuestros corazones el amor de Dios». Lo podéis *por Cristo, con Él y en Él.*

¡Sublime, bella y alta vocación la del matrimonio! Al concluir esta reflexión incluyo este *Testimonio de dos novios*, publicado en *Se me dirigió la palabra*, del Cardenal Martini (Ediciones Paulinas, páginas 87-89):

Testimonio de dos novios

Quisiéramos comunicaros, con sencillez, nuestra experiencia, comenzando por decir que la vocación matrimonial no hace sino especificar la vocación original del Bautismo por la que estamos llamados a ser hijos de Dios.

La primera sorpresa para nosotros ha sido la dinámica de esta vocación. Ésta no se nos ha presentado nunca como una relación de amo a criado, de jefe a subalterno. Dios llama, pero no grita, no manda.

Nosotros hemos sentido, en esta llamada, toda la iniciativa de Dios y, al mismo tiempo, de un modo que no sabemos expresar, toda nuestra libertad: las indicaciones de Dios y también nuestra decisión.

Si releemos hoy la historia de nuestro encuentro, éste nos parece, por una parte, un milagro, algo pensado y querido por Dios; y por otra parte, una libre atracción, una elección no dirigida, una resolución individual y espontánea.

En la vocación, en toda vocación, la sabiduría de Dios, así lo pensamos, hace coexistir misteriosamente su voluntad y nuestra libertad.

La segunda sorpresa fue que nuestra vocación, no era para hacer algo. Era principalmente una llamada a ser alguien; pues Dios no es uno que ofrece empleo. Ahí está, entre los muchos ejemplos evangélicos que pudiéramos poner, el ejemplo de Zaqueo. Tras haber encontrado al Señor y haberse hecho un «hombre nuevo», no tuvo necesidad de pensar qué debía hacer. Más bien Zaqueo no pudo por menos de ser esa criatura nueva en que se había convertido, pues su vida había cambiado. Y desde ahí hizo grandes obras.

¿Qué debíamos ser nosotros dos?, nos hemos preguntado.

Debíamos ser amor; mejor, nuestra existencia a dúo «en» el Señor —en el lenguaje de Pablo «en» el Señor equivale a «con» el Señor— debía hablar de amor a los hombres.

Hablar de amor a los hombres quiere decir hablar de Dios, pues Dios es amor. Nuestro amarnos —evidentemente, no es ésta una cosa que se pueda hacer— debía y debe hablar de Dios a los hombres.

Un sacerdote amigo nuestro suele expresar así esta idea: «Dios no ha encontrado un signo más hermoso para *decirse* a los hombres que el amor de un hombre y de una mujer».

Éste es el talento que se nos había dado y con el que había que negociar ante todo. El ministerio conyugal es claramente uno de los ministerios peculiares e insustituibles en la Iglesia, pues sólo por la pareja en cuanto tal puede ser ejercido: dos hechos, una sola cosa en Cristo por obra del Espíritu de Amor, el mismo Espíritu que une al Padre y al Hijo y a los dos a su Iglesia. De tan gran misterio de amor son signo los esposos.

Una cosa vimos enseguida clara, mientras lo demás hemos ido descubriéndolo por el camino: que una vocación de esta importancia no se puede absolutamente improvisar. Debíamos dedicarle nuestras mejores energías o, más exactamente, nuestra existencia completa. Debíamos dar tiempo a la «pareja» para permitirle nacer como «una nueva persona» y no ya como la suma de dos. Sentimos la necesidad de crear una espiritualidad, o sea un estilo de vida que marcase las etapas y modalidades de nuestro camino y que, en cotejo con la Palabra de Dios, no dejara sin respuesta el problema de la oración, diese una impronta a la vida afectiva y sexual, produjera una opción de pobreza y, por fin, asumiera nuestra condición de laicos. De laicos enteramente hijos de la Iglesia y profundamente compañeros de los hombres.

En breve nos casaremos. La prudencia y la falta de experiencia nos aconsejarían callarnos; pero pensamos que el matrimonio cosecha los frutos del noviazgo.

Aun sabiendo que estrenaremos una realidad del todo nueva y diversa; aun haciendo desde ahora proyectos sobre nuestra familia, proyectos de apertura, de hospitalidad, de sobriedad en el uso de las cosas, del dinero; proyectos de acogida de los hijos que queremos tener, proyectos de asunción plena de nuestra condición laical, la única profecía que osamos hacer es que el matrimonio no podrá sino seguir en continuidad con el noviazgo y llevar a término el camino que ahora estamos recorriendo.

Hemos deseado contaros nuestra experiencia y nuestro intento de vivir en conformidad con el Evangelio para testimoniaros esta convicción: el matrimonio radicalmente vivido en el Señor y con el Señor es un camino de santidad, algo necesariamente creativo y con mucho que decir a los hombres, nuestros hermanos.

También esto hemos de agradecérselo al Señor, dador de todo bien y de toda gracia.

Cristina y Roberto.

3 El matrimonio celebración

Ante la sociedad, en lo civil, el matrimonio es un contrato entre hombre y mujer. Según los ordenamientos jurídicos de cada país, garantiza los derechos de la pareja y de la prole, así como el cumplimiento de los deberes. Ante un juez se firma un contrato, que no mide el amor ni las intenciones, aunque se presupongan.

Este carácter contractual, imprescindible, lo rechazan hoy muchos jóvenes. De hecho lo que rechazan es que tenga que reducirse a eso, pero así se define legalmente: la ley civil no puede obligar al amor. Quieren decir, sin duda, que el matrimonio es una opción de amor, y así «los papeles sobran». Visión simplista de las cosas, que no pocas veces encierra una contradicción profunda, porque de un concepto primario del amor —«sentir», «estar enamorado»— se pasa a ver el matrimonio también como una opción de divorcio: «hasta que nos cansemos», «mientras nos queramos»...

Falta descubrir la dimensión dinámica del amor, como proceso en crecimiento, a través de crisis; como realidad a redescubrir, recrear, reinventar; sintetizado en el concepto de fidelidad, que no es resignación, sino capacidad de irlo haciendo todo nuevo.

Hay una intuición de que el amor es la clave por encima del contrato. Con frecuencia se minimiza, reduciéndolo al encuentro carnal —«Haz el amor...»—, aunque no sea más que un satisfacerte a ti mismo. Falta por descubrir en esos planteamientos que el amor es entrega y donación, es dejar de vivir en función de sí mismo, para vivir por ti.

Los creyentes podemos entender que el matrimonio es *celebración.* Ante el sacerdote que ocupa el lugar de Jesucristo, ante la comunidad para la que se convierten en sacramento, los cristianos celebramos un acontecimiento: Dios se hace presente en la entrega del hombre y de la mujer y los establece como sacramento suyo. Celebramos el amor y la vida, que vienen de Dios y en los que Él se hace presente, celebramos una fiesta y una inmensa alegría.

Por eso toda la historia de la pareja cristiana debe ser celebración y fiesta. Cada día de la vida esa pareja debe ser celebración y fiesta. De un acontecimiento que ocurrió, que ocurre, que seguirá ocurriendo. Inmersos en los fallos ocasionales, inevitables, en las crisis, en el realismo y la pequeñez de las cosas de cada día. Se indignó el Señor cuando oyó que el pueblo decía: «¿Será capaz Dios de aderezar una mesa en el desierto?» (Sal. 78,19).

En el desierto frecuente de nuestra vida el Señor adereza una mesa para el banquete, para la celebración. Porque la vida debe ser gozo y celebración. Dejadme repetirlo:

- — Celebráis una historia de amor, hasta que la muerte os separe;
- — Celebráis una historia de salvación, desde la servidumbre hasta la tierra prometida;
- — Celebráis la presencia de Dios, de su infinita ternura, entre los hombres, en vuestro amor;
- — Celebráis que sois don y recreación de ese don;
- — Celebráis que sois llamada a la *vida...*

En un mundo de desencantos y de egoísmos, la pareja cristiana es una celebración y una fiesta. Toda su vida adquiere una dimensión litúrgica-festiva, de acción sagrada, desde los hechos más aparentemente intrascendentes.

La liturgia en sus ritos, en sus signos, en sus palabras, es la celebración de un acontecimiento. Recuerdo y actualización de toda una historia de amor, de salvación. Él me llamó de la nada, me liberó, me hizo crecer en una tierra fértil, me rescató, me llenó de su espíritu, me hizo fecundo. Porque me amó gratuitamente, porque me es siempre fiel.

Ésa es, más o menos, a grandes rasgos, nuestra liturgia. Ese modo comunitario, de un pueblo, de unirse con su Dios. Una celebración de algo sublime, que a veces y por desgracia convertimos en algo aburrido, como pasa también en el matrimonio.

Siempre que interrogo a parejas amigas sobre cómo va la liturgia de sus relaciones, se me sonríen. ¡Pero no han caído en la cuenta!

— Sin ritos, sin signos, sin palabras... un amor se muere;
— Sin celebrarlo, un amor languidece;
— Sin recordarlo, se minimiza en la refriega diaria;
— Sin renovarlo, sin recrearlo, sin reinventarlo... se trivializa.

¡Y tenemos tantos acontecimientos que celebrar y que actualizar! ¿Has aplicado alguna vez a tu esposo/a los grandes pasos de una historia de salvación y de amor?

- *me llamó,*
- *me hizo libre,*
- *me hizo crecer en una tierra fértil,*
- *me acompañó al cruzar el desierto,*
- *me llenó de su espíritu,*
- *me rescató cuando fui débil,*
- *me hizo fecundo,*
- *me fue fiel en toda ocasión.*

¿Y qué ha sido de esos ritos y palabras que os harían presente vuestra historia?: «Teníamos muchos en el noviazgo. Conservamos algunos los primeros años, pero se fueron perdiendo...».

Cada pareja necesita un lenguaje, unos ritos, una simbología... que son los suyos. Hay que ponerle vida e imaginación al amor. Revisar la liturgia de todo amor es urgente. Encontrar en la liturgia un camino para el amor es preciso: *Por ti, contigo, en ti...*

Lo menos que podéis hacer al terminar de leer estas páginas es decir *¡Que sea un motivo!,* descorchar una botella de cava y ¡celebradlo!

CUESTIONARIO

1 Para la reunión de equipo

1 Recoged cada pareja las dos o tres cosas que os hayan impresionado más de este capítulo y comentadlas.

2 Estos tres conceptos —sacramento, vocación, celebración— podrían parecer teóricos, pero espero que los consideréis a la vez muy prácticos. ¿Podríais hacer cada pareja una aplicación concreta a la vida real de cada uno de ellos?

3 El cristianismo, en todos los casos, se presenta entre estos tres datos:

— Un ideal muy alto, aparentemente imposible;

— Una pobreza muy grande de nuestra parte (estamos muy lejos...);

— La ayuda de Jesucristo presente en nosotros.

¿Conocéis a alguna pareja que vaya haciendo verdad en su vida el que ellos son un sacramento, están llamados a una vocación, su vida es una celebración? ¿En qué se les nota? Sin necesidad de dar nombres, comentadlo.

4 El cristianismo, como vivir humano que es, supone un caminar, un proceso, una «pedagogía de la gradualidad».

Si asumís el alto ideal que propone el matrimonio para los cristianos, ¿qué medios creéis que pueden ayudaros principalmente?

5 ¿De qué modo el matrimonio cumple la triple condición del signo: «ser claro», «estar en situación», «llevar presencia» y hace así verdad el que es un lugar de encuentro personal? ¿Algún otro signo hubiera podido expresarlo mejor? ¿Por qué sí, por qué no?

6 Este tema os ha podido parecer menos entretenido que otros, pero es indispensable porque señala las metas. ¿Para qué otras cosas ha podido serviros su estudio?

2 Para el diálogo de la pareja

1 ¿Qué sentimientos os han dominado a cada uno al profundizar en este tema? ¿Podéis explicaros por qué sentíais precisamente esos sentimientos?

2 Cuando mi «yo» quiere encontrarse con tu «yo», recurro a signos a través de los que mi «yo» se hace presente. Podríais comentar cada uno al otro cuáles de esos signos os gustan, os desagradan, sentís que no son bien interpretados...

3 ¿Qué os sugiere la afirmación: *Vosotros sois un sacramento?*

4 Como «en un sueño» os he desgranado cinco llamadas en vuestra vocación de esposos: releedlas, comentadlas, proponeos algo concreto para hacerlas verdad en vuestras vidas.

5 ¿Es de veras, vuestro matrimonio, una celebración? ¿Lo ha sido, lo sigue siendo? ¿Qué podríais recuperar? ¿Por qué no lo celebráis ahora de algún modo?

6
Psicología del hombre y de la mujer al interior de la pareja

Vivimos insertos en la cultura del unisex; en un afán obstinado y un poco acientífico de negar cualquier diferenciación en la psicología del varón y la mujer. A lo más se admiten como consecuencia de condicionamientos educativos y sociológicos, cosa que no deja de ser cierta en bastantes aspectos.

Hacer una reflexión contracultural tiene su encanto. Hacer una reflexión basada en la observación de los comportamientos masculinos y femeninos es divertido. Os pediría un cierto sentido de humor al leer estas páginas. Sin apriorismos, sin «rabietas» ideológicas, este tema puede allanar caminos, ayudar a comprender comportamientos, a ser más benevolentes el uno con el otro, a solucionar problemas.

Sin ninguna pretensión científica, quisiera con sencillez daros unas pistas que os ayuden a encontraros y a complementaros.

Dios ha hecho que todo sea diverso. El hombre, en su afán de posesión, para poseer más fácilmente, tiende a uniformizarlo todo. Dios ha hecho al ser humano diverso: lo ha hecho varón y mujer. Varón y mujer, complementarios, son el ser humano. La pareja es un *ser.* Varón y mujer son dos formas desde las que se es persona, que se complementan.

> «La condición sexuada afecta a la totalidad de la vida, en todas sus dimensiones. La vida se realiza en dos formas, polarmente opuestas,

disyuntivas, consistentes en la mutua referencia, y que llamamos varón y mujer.»

(JULIÁN MARÍAS: *La mujer y su sombra.*)

Varón y mujer, como maneras complementarias de ser, son fuente de riqueza, de exigencia, de solidaridad y, por lo mismo, de madurez. El varón está hecho para la mujer y la mujer para el varón. Este ser *para* lo llevamos marcado en todo nuestro ser, incluso en la corporalidad.

Hablar de distintas psicologías no significa que existan rasgos exclusivamente masculinos o femeninos. Todo está en todos, salvadas las diferencias corporales con lo que suponen. Diría que hay distintas «intensidades», unos predominios generalizados, con todas las salvedades que puedan relativizar estas afirmaciones. Como he dicho, las diferencias corporales influyen decididamente. Pero si afirmamos que todo el cuerpo de la mujer está marcado por su relación con la maternidad, no podemos deducir que la ternura sea patrimonio exclusivo suyo, ni mucho menos que todas las mujeres sean un diez en ternura.

Todo lo que sea valor humano debe ser cultivado por ambos en la búsqueda de la perfección, como debe ser progresivamente eliminado todo aquello que impida la conjunción armoniosa de ambos en la pareja.

1 Distinto ritmo

Afirmar que algo es distinto no significa que sea mejor o peor. Por ser distintos se está llamado a complementarse, a darse el uno al otro lo que se tiene, a llenar las carencias.

Así podemos afirmar que el varón tiene un ritmo distinto que la mujer, «una velocidad diferente». El ritmo de la mujer es de menos prisas, el del varón más precipitado, con todas las salvedades. Por eso deben complementarse.

Así en la sexualidad la mujer requiere más preparación, ambientación para ir reaccionando y poder llegar a su clímax. El varón es más «precoz», y por eso resulta tan difícil en los comienzos la satisfacción en el encuentro sexual. El trabajo amoroso, la dedicación de tiempo, el aprendizaje del diálogo de los cuerpos en la ternura irán reduciendo la distancia en los ritmos.

En los rituales de vestirse, de «prepararse para salir», la mujer necesita más tiempo y le otorga mucho más valor que el varón. Desde el «¿qué me pongo?, ¡no tengo nada para ponerme!» hasta el «cuando estés preparada, me avisas y entonces me prepararé yo» hay un anecdotario extenso en cada pareja. El varón tiene la sensación de que por ella llegan siempre tarde a todas partes, de que siempre le surgen a última hora cosas que debía haber previsto con antelación. Y ella dice que el marido es un pesado y un tranquilo, y que si se preocupara más de las cosas de la casa, que es de los dos, no le sobraría tanto tiempo. ¡Cuántas veces al verlos llegar tienes la sensación de que algo les ha pasado! Y es que el ritual del vestirse es propicio a pequeños enfados por la «diferente velocidad».

Pueden enumerarse muchos otros terrenos.

- Para comprar, la mujer necesita más tiempo, mira mucho más las cosas, tarda más en decidirse. Porque tiene más sentido del ahorro, de la estética, y porque le gusta comprar.

- En clase a un chico puedes preguntarle de sopetón, reacciona inmediatamente; a la chica, no. En la escuela, tal vez por esto, los chicos se quejan de que se les trata peor que a las chicas.

- Una pareja de novios que se encuentra después de un tiempo; cada uno ha previsto todo lo que quiere contarle al otro. Pero ella parece quedarse en blanco: «¿qué te pasa?, ¿no tienes nada que contarme?» Si el encuentro ha sido breve, una carta de cinco folios traerá la respuesta.

- En el perdón los hombres acusan a las mujeres de ser rencorosas, y ellas los acusan de ser egoístas. La mujer «guarda» las cosas, las da vueltas, necesita más tiempo para digerir. Él se olvida fácilmente y eso ella no lo puede comprender.

El distinto ritmo es una fuente de exigencias para ambos, una riqueza si se complementan. Pero no es fácil.

2 Distinta necesidad de expresión

En el punto anterior la diferencia la marcaba el ritmo; en éste es una necesidad y por lo mismo debe ser atendida. El varón tiene menos necesidad, la mujer más. Él deberá esforzarse, ella controlarse.

• Es innegable que, por lo general, el hombre tiene poca necesidad de expresarse, y la mujer mucha. Esto no es fácil asumirlo y exige a ambos un gran esfuerzo. Me contaba un marido que su mujer había pasado la tarde con una amiga, que al llegar a casa se llamaron por teléfono y siguieron hablándose media hora más, y al despedirse se dijeron: «Ya hablaremos». «¿De qué?», me decía asombrado. Al recordarles al cabo del tiempo esta anécdota, una de ellas me dijo que «aunque estuviéramos todo el tiempo juntas, siempre tendríamos cosas para seguir hablando».

El varón debe esforzarse por satisfacer esa necesidad de la mujer. Hay esposos que llegan a ser verdaderas momias, encerrados en su mutismo, derrotados, diciendo que sí, sin saber a qué. La mujer debe moderarse, no sea que su esposo haga suyo el dicho de la Biblia: *¡Que se te pegue la lengua al paladar!*

Pienso que es un arte en determinadas mujeres su capacidad de ir poco a poco abriendo el corazón de su esposo. Pero indudablemente, lo que no sirven son los interrogatorios.

• Esto es así porque la mujer percibe la realidad en la medida en que ésta se expresa. Aunque pudiera parecer una afirmación exagerada, no lo es. Debemos reflexionarlo hasta llegar a comprender su importancia. El hombre no tiene esa necesidad de que se le expresen las cosas, o la tiene mucho más reducida.

«No necesito que me digas con frecuencia que me quieres. Ya me lo dijiste una vez, y sé que me quieres, me lo demuestras cada día con tu vida.» Pero ella necesita que se lo digas y repitas, que se lo expreses en tus palabras, en tus gestos, en tus actitudes, en tus valoraciones... Necesita que se lo evidencies.

Aprender a decir el amor, a explicitarlo, es un trabajo bello, a veces difícil, pero imprescindible. Los niños van también a requerirlo. Aprender, por parte de ambos, a leer incluso en el silencio las que son expresiones del amor del otro, a veces imperceptibles, supone generosidad y capacidad de mirar con amor al otro. Esto pasa mucho con los niños y adolescentes. Se quejan: «A mí nadie me quiere». Y viven rodeados de amor. «Tal vez no te digan ni hagan lo que tú esperas, pero observa y fíjate cuánto amor puede haber hacia ti en tantos pequeños gestos de tus padres, que son su forma de quererte.»

Ahí está el trabajo: en aproximar, por una parte, mi forma de quererte y lo que tú necesitas, y en valorar, por la otra, esa forma que es la suya de quererte.

La madre necesita, poniendo otro ejemplo, que se le cuenten las cosas, de ahí nace ese error de los interrogatorios. Para el marido el día del aniversario es un miércoles cualquiera, como los otros, para ella no, y por eso espera algo. Los detalles serán en cualquier caso fundamentales; son una expresión del amor, que todos necesitamos.

- Si dos muchachos deciden ir una tarde al cine, necesitan veinte segundos para ponerse de acuerdo: «Nos esperamos a tal hora en tal sitio». Pero si dos amigas se llaman para lo mismo, necesitarán veinte minutos.

El varón va directamente al grano. La mujer va circunvalando hasta llegar al grano. «¿Adónde querrá llegar?», te preguntas cuando una mujer empieza a hablarte. Hay que darle tiempo porque en cualquier caso necesita «crear un clima». Aunque en ocasiones pueda enervarle a él, hay que reconocer que la capacidad de «crear un clima» añade calidad a la relación personal. A veces no hay tiempo, es verdad, pero qué necesitados estamos de añadir calidad y de tener tiempo para lo que es importante. No sirve el decirse: «Esto lo podríamos haber solventado en dos minutos, y habría podido ver la película». Con los niños pasa lo mismo. El arte de vivir exige dar prioridad a lo que es principal.

Esta triple reflexión podríamos aplicarla ahora a todos los campos de la relación conyugal. Me ceñiré a dos, en los que podemos ejemplarizar esa distinta necesidad de expresión.

- En el encuentro sexual muchos hombres se vuelven mudos. No aciertan, porque no lo necesitan, a acompañar con palabras el lenguaje del cuerpo. Llegan y ¡zas!, de una vez, ¡ya está! La capacidad de crear un clima, de decirse antes de darse, de crear un lenguaje para la ternura, la aceptación del otro, por la ofrenda y la acogida, es darle calidad al encuentro sexual, que se convierte en encuentro personal, en expresión perfecta del amor, en creación de pareja pues somos una sola carne, un solo ser.

- En la comunicación de los sentimientos más hondos, en especial de la propia fragilidad, asumida y ofrendada al otro. En muchas parejas es un campo intocable, una barrera infranqueable. Es el techo de su amor, no irán más allá. La necesidad de expresarse en estos campos es muy distinta en él que en ella. Pero es un terreno inexcusable. Desde un profundo respeto mutuo, sin agobios, es preciso irse acercando, haciéndolo posible.

3 Diferente percepción de la realidad

No es fácil admitir que hay un modo masculino y otro femenino de leer la realidad, de darse cuenta de las cosas, de verlas. Y repito, que no son mejor o peor una que otra sino distintas, que necesitan complementarse. Reconocer, asumir e incluso buscar esas formas diferentes de ver las cosas es una riqueza pues permite verlas mejor. Por eso añadiría a lo dicho que además de un modo masculino y otro femenino de leer la realidad, hay un modo en pareja de leerla, más completo y más atento al todo.

La mujer, en general, tiene una visión más analítica de la realidad. Percibe el todo a través de las partes, de los detalles. Su modo de describir a alguien pasará por el color de su pelo, su modo de vestir, sus peculiaridades... Es más atenta a cosas que pasan desapercibidas al varón.

Por otra parte es más intuitiva, se da cuenta más fácilmente de cualquier cosa. ¡Qué difícil es ocultarle una preocupación, un problema a una mujer que te quiere! Lo percibe hasta en el modo de abrir la puerta o en la forma de saludar.

Con frecuencia también es capaz de ir «más allá» de las cosas, de ver intenciones, lo que no siempre es justo; es en el buen sentido más «maliciosa», más «bruja».

Aquí tiene su origen esa calidad tan preciosa en la visión femenina de las cosas, de dar importancia a los detalles, de poner ternura en las cosas más pequeñas. Como contrapunto, hay que decir el riesgo que supone el estar más atenta a la parte que al todo.

Del varón diría que, en general, siempre relativizando, tiene una visión más sintética de la realidad, aunque de hecho existan mujeres más capaces de síntesis y más apasionadas por la síntesis que muchos hombres. Diríamos que han pasado del modo femenino al modo «en pareja», humano, de ver las cosas.

Del mismo modo que hay hombres enormemente atentos al detalle, que superaron el modo masculino de ver, para llegar al modo humano, de «pareja», de ver las cosas.

Pero, en general, tiene el varón una visión más sintética: a través de cosas globales, se le escapan los detalles y está más atento al todo. Si escuchas a una pareja describir unos días de vacación vividos a solas, lo comprendes sin dificultad.

El varón es más «inocente», menos malicioso, no se da cuenta de las cosas, incluso de problemas muy gordos. Un problema muy fuerte de un hijo es casi inmediatamente percibido por su madre, y el padre sin embargo puede «estar en el guindo» durante años, sin sospechar siquiera nada, porque sólo ve lo que quiere ver o porque no es capaz de ver más allá de sus narices.

Estas pequeñas reflexiones pueden dar una idea de la trascendencia de este punto, de la necesidad de un encuentro de ambos modos de ver, a través del diálogo y de la comprensión mutua.

4 Diferente sensibilidad

No sólo más o menos sensibilidad, sino también distinta sensibilidad, y respeto a distintas cosas. Generalizando, podemos afirmar que la mujer tiene más sensibilidad que el varón. Todo en su ser, hasta en su biología, está dispuesto para la acogida, para la maternidad. Por lo mismo es más solidaria, lo que con frecuencia hace que sea más madura. Es, en consecuencia, más sensible a lo humano, al ser. Da más importancia al sentimiento, a lo personal, a la familia. En su sexualidad depende de la ternura, del «clima», del sentimiento; sin ello le es difícil vivirla. Es más atenta, más sensible a las situaciones. No cabe dudar que tiene mucha mayor riqueza afectiva y sexual, aspectos en los que es educadora y complemento del hombre.

El varón, en general, es más pobre en sensibilidad, da menos importancia al sentimiento, es más dado a lo periférico, conversa más fácilmente sobre lo que no compromete el mundo interior. En su sexualidad depende más del contacto que de la ternura, tiene más localizada y menos extendida su pulsión sexual, y es más pobre. Es menos atento y menos dado a lo personal; «no te ocupas de los hijos» se queja la mujer. Si se deja «educar» en lo afectivo y sexual por la mujer se enriquece y madura notablemente. Es más estático, prefiere el confort a la limpieza.

Dándole la vuelta a estos argumentos, se puede observar que la mujer sufre más fácilmente por cualquier cosa, es más dada a dar interpretaciones no adecuadas y a ver dobles intenciones. Cuando no domina sus sentimientos negativos, puede ser terrible. Es más dependiente de lo que se le dice y de cómo se le dice, más dada al cotilleo, a la crítica, a entrar en las vidas ajenas para bien y para mal. Más subjetiva y por lo general más susceptible.

El varón, por el contrario, es más independiente, menos dado a lo «personal», tal vez por debilidad y temor. Por eso sufre menos por ese tipo de cosas, que le resbalan más fácilmente. Es más objetivo, más frío; «son muy egoístas» dirán las mujeres.

El esposo es más dado a buscar en su mujer la madre que la esposa. La madre es «la mujer que soluciona sus necesidades», mientras que la esposa es «la mujer que comparte su vida». También la mujer es más dada a buscar en el varón al hijo que al esposo.

Diríamos, en fin, que la mujer necesita más centrar la atención sobre sí y que el varón disimula más. Que la mujer es más fuerte para el dolor pero se queja más, mientras que el varón es más débil pero da menos «trabajo». Es mucho más sensible la mujer ante los valores espirituales y más contemplativa, más dada a la intimidad con Dios y con los demás.

Es difícil encontrar una mujer mediocre; es más radical para mejor o para peor. El hombre es más naturalmente mediocre.

5 Diferente relación con la «vida»

El entrecomillado pretende dar a la palabra vida un sentido más amplio que el de la maternidad-paternidad. Si en lo biológico la parte de la mujer es casi absoluta en la gestación del niño, su actitud ante los varones que «dan vida» es también más fuerte.

Bástenos con observar la habitación de una chica, o de un muchacho, su arreglo personal, la disposición de sus cosas. Donde pone su mano, ordinariamente, pone la vida. El hombre es más torpe y más pasivo.

La mujer es más buscadora de seguridad, de protección para la vida. En muchos casos esta búsqueda de seguridad le genera angustia, especialmente en lo económico. Es más dada, contradictoriamente, al ahorro y al despilfarro. Es curioso cómo les prende el fuego del bingo o las maquinitas, a las que se dejan prender por él. Por el contrario, hasta qué punto pueden ser previsoras.

De aquí podríamos deducir una diferente relación:

- Ante la belleza: el varón «cuanto más feo más hermoso»; la mujer es más «estética», más coqueta en ella y en cuanto hace.
- Ante el orden, la armonía y conjunción de las cosas...

Al terminar quiero, una vez más, relativizar lo dicho. Como dije al principio, todo está en todos, aunque se dan distintas intensidades.

Soy consciente de no haberlo dicho todo, ni mucho menos he pretendido hacer una reflexión de «ciencia psicológica». Os he transmitido simplemente unas observaciones, cuya meditación pueda ayudaros a comprenderos mejor y a respetaros más.

Yendo más allá, quiero dejar constancia de que hay un camino a recorrer. Más allá de los modos masculino y femenino de ser, en el horizonte, y como una meta, está ese otro modo de ser, el ser pareja.

CUESTIONARIO

1 Para la reunión de equipo

1 Lo normal es que este tema os haya irritado. Ahora reíros un poco porque os pedí leerlo con sentido de humor.

— *Si os ha irritado, señalad en qué cosas. Mirad si hay alguna forma de aproximación entre el texto y vuestras opiniones.*

— *Si no os ha irritado, señalad si os habéis reído con alguna cosa.*

2 Comentad el texto de Julián Marías, en *La mujer y su sombra,* cuya lectura os recomiendo.

3 Además de los cinco aspectos que aparecen en el capítulo, ¿veis otros que, a vuestro juicio, pudieran señalarse? Siempre será una generalización, pero en vuestra experiencia, ¿hay más?

4 ¿Podríais señalar, cada pareja, qué aspectos del tema os han interpelado más directamente? Recoged dos o tres y comentadlos. Siempre es bueno ver que todos vivimos más o menos las mismas cosas.

5 ¿Por qué cuando varios matrimonios salen a cenar, no siempre, pero casi, los hombres se ponen a un lado y las mujeres al otro de la mesa? ¿Están así más a gusto? ¿Por qué? Intentad profundizar en esta respuesta.

6 Para algo os habrá servido el tratar este tema. Sacad dos o tres conclusiones generales.

2 Para el diálogo en pareja

1 Sin duda no todo lo que se dice en este capítulo se aplicará a vosotros, pero sí algunas cosas. Escribid cada uno por separado tres cosas que sí os afectan.

2 Disponeos tranquilamente a comentarlas: ¿qué os pedís uno al otro?, ¿en qué deberíais hacer un esfuerzo por evolucionar? Pediros una sola cosa el uno al otro.

3 Los diferentes ritmos tienen una aplicación muy seria en la vida sexual. Haced una reflexión sincera de vuestros gozos y de vuestras sombras.

4 La petición de perdón entre vosotros es inevitable. ¿Es fácil? ¿Os cuesta mucho? ¿Siempre es el mismo quien deba dar el primer paso en la reconciliación?

5 ¿Habéis encontrado un equilibrio en la «distinta necesidad de expresión»? Por el contrario, ¿van acentuándose vuestras posturas?

6 Haced algo divertido como conclusión de este tema. Espero que no os haya hecho enfadaros...

7
La sexualidad en la pareja

La primera página de la Biblia, ese precioso fresco de la Creación, culmina con estas palabras:

> «Y creó Dios al hombre a imagen suya,
> a imagen de Dios lo creó,
> macho y hembra los creó» (Gén 1,27).

La imagen de Dios no es el macho o la hembra aisladamente, sino ambos, la pareja. Es la primera vocación de cada criatura: llegar a ser pareja, en cualquier condición de vida. El ser humano debe salir de sí mismo, es un ser para el otro. Y si está consagrado, debe ser pareja con Jesucristo y en Él con la humanidad.

En estas palabras se contiene también la vocación del matrimonio: reconstruir la imagen de Dios, para hacer presente a Dios y así ser su sacramento. Llegar a ser *el hombre.*

Los sexos son obra de Dios. Cuando creó el hombre, lo hizo macho y hembra, el uno para el otro.

Jesucristo retomó estas palabras en Mc 10,6-10 cuando los discípulos le plantearon aquella discusión sobre el divorcio:

> «Desde el comienzo de la creación, Dios los hizo varón y hembra. Por eso dejará *el hombre* a su padre y a su madre y los dos se harán una sola carne.
>
> De manera que ya no son dos, sino una sola carne. Pues bien, lo que Dios unió, no lo separe el hombre».

Un doble precepto, marcado por el Creador «desde el comienzo»:

1 *Dejarán a su padre y a su madre:* De fuerte actualidad, cuando contemplamos atónitos lo que les cuesta esta ruptura a determinados jóvenes, bien arropados y seguros al abrigo de sus papás, y aún más a determinados padres, tan «realistas», que no los sueltan, o hacen la apariencia de soltarlos, pero reteniéndolos, inmiscuyéndose en sus vidas, provocando incluso desavenencias profundas en las parejas de sus hijos.

2 *Se harán una sola carne:* Es importante comprenderlo como un precepto en labios de Jesús. Ser una sola carne es el gran signo, la expresión de que ya no son dos. Son *el hombre,* la imagen de Dios. Es signo y es causa que lo realiza. La sexualidad, hasta el final de la vida, es un deber para la pareja, adecuado a las circunstancias y a los momentos.

Hay otra insinuación muy clara, una advertencia muy fuerte de Jesús: «lo que Dios unió, no lo separe el hombre». Es decir, el hombre no tiene poder para alterar el orden de la creación. Casi exclusivamente aplicamos este principio para el caso del divorcio, en cuyo contexto fue dicho, pero no estaría de más que lo meditaran determinados padres, mi querida Iglesia, algunos sacerdotes. No podemos separar lo que Dios ha unido, no podemos poner trabas que terminen por separar lo que Dios ha unido. Debemos acercar lo que es intelectualmente cierto a lo que es vitalmente, y por orden del creador, verdadero.

En sus orígenes, en la mente de Dios, lo sexual es bello y bueno. Su nacimiento es deslumbrador: «Vio Dios cuanto había hecho: era muy bueno» (Gén 1,31).

«Dios formó una mujer y la llevó ante el varón. Entonces éste exclamó: Carne de mi carne» (Gén 2,23).

Sin embargo la sexualidad, como toda la creación, se vio alterada por el pecado del hombre. La Biblia lo expresa con palabras explícitas: «Se dieron cuenta de que estaban desnudos». Desde entonces la sexualidad, como la mente y el corazón, como todo el ser del hombre, puede llegar a ser algo terrible y sucio. No hace falta ser muy perspicaz para comprobar cómo es causa para muchos jóvenes de autodestrucción, de verdadera ruptura de su personalidad, cómo es causa de ruina para muchos hogares, para hombres y mujeres.

Pero Jesucristo restableció la creación, el orden querido por el Creador, y restableció también la sexualidad: «Padre, Tú has creado maravillosamente al hombre, y más maravillosamente todavía lo has restablecido en su dignidad» *(Oración de Navidad).* Dios se encarnó en nuestra naturaleza y la restableció.

Desde esta luz debemos ver este tema. Los riesgos de la sexualidad no pueden en ningún caso ser un obstáculo para que busquemos en ella una riqueza de vida. El placer de la sexualidad, el más intenso de los que existen, está ordenado a la ternura y a la vida, y es bello y bueno. El hombre entero ha sido maravillosamente creado porque ha sido el amor quien lo ha hecho.

1 Trascendencia del tema

No podemos minimizar la importancia de este tema. De él depende en un porcentaje alto la dicha de un matrimonio; y en algunos casos totalmente, pues puede estar en el origen de su ruptura. Una pareja no puede decir: «Vamos bien en todo, menos en eso», porque a la larga ese «menos en eso» va pasando de ser fuente de insatisfacciones a desconfianzas, menosprecios y en muchos casos a rupturas. «¡Si supieran lo que deteriora la relación conyugal una vivencia insatisfactoria de lo sexual!»

Dios quiere que el hombre, que la pareja, sea feliz. El regalo de la vida que nos hace no es para que llevemos una existencia raquítica, sufridora, decepcionante. Por el contrario: «He venido para que tengáis vida, y vida en abundancia» (Jn 10,10). No podemos poner en duda que una pareja no es dichosa, no vive, cuando su «ser una sola carne», su encuentro sexual, no es satisfactorio. Está claro que no es el único factor de felicidad conyugal, pero sí principal, según queda ordenado «desde el comienzo».

Comprobamos por otra parte las dificultades que entraña para una pareja el acoplamiento y la calidad de su encuentro sexual. Desde el principio del matrimonio, al desaparecer todas las barreras, hasta cuando ya se han tenido los hijos responsablemente deseados, y los temores de un nuevo embarazo bloquean la unión, llegando a esos finales de ruta que muchas parejas equivocadamente se imponen al llegar a cierta edad.

Podemos afirmar que el camino hacia el encuentro sexual en plenitud para ambos cónyuges es un camino de perfeccionamiento humano, un camino, por lo mismo, de santidad. Desde el «para mí» hasta el «por ti», la búsqueda de libertad interior, el dominio de sí mismo, el despertar de auténticas calidades de relación interpersonal (creación de clima, ternura, ofrenda de sí, acogida del otro...), suponen un proceso ascético-místico de incalculable valor, hasta llegar a ser uno, no dos.

Debemos, por tanto, ver el encuentro sexual como un camino a transitar como un «trabajo» noble y bello para la realización de la pareja, desde el principio al final del matrimonio. Un «trabajo» trascendental: reconstruir en la comunión la imagen de Dios, y ser su presencia para los demás. De ello, y me repito, la sexualidad es expresión y causa.

La importancia de este tema se acrecienta por su actualidad. Hemos vivido una profunda revolución sexual de la que, por los signos, estamos saliendo, pero que aún colea. Más allá de todos los extremismos que por ser «revolución» supone, y de sus costes en muchas vidas humanas truncadas por las «rabias» de las luchas ideológicas, hemos de reconocer que ha aportado serios beneficios para la pareja. Señalaría, entre otros:

- Habernos arrancado de una época oscurantista en lo sexual, consecuencia de guiarnos más por los moralismos que por la palabra de Dios.

- Haber reconocido los derechos sexuales de la mujer en la pareja, y negar así la sexualidad como derecho único del hombre.

- Hacernos ver las funciones del sexo en su amplitud, sacándonos del reduccionismo que supone verlo solamente como camino de reproducción, al que indiscutiblemente está ligado.

Pero también ha dejado sus huellas negativas. Podría ser una de ellas el reducir lo sexual a su aspecto lúdico, algo al margen de las otras dimensiones del ser humano. «Hacer el amor» se ha convertido en algo paralelo al «irse de copas» o «echar una partida». Hay una referencia certera en el texto que incluyo al final de este capítulo: *El diálogo de los cuerpos*, de J. Allemand.

Y como consecuencia, la pérdida de su sentido, de sus funciones, de su ordenamiento, de su riqueza creativa y constructora.

Estamos por eso llamados a integrar la sexualidad en el ser, en las realidades afectivas, en la ternura, en la totalidad de los valores de la relación interpersonal. Además, a recuperar el querer de Dios, y en él sus sentidos y valores.

Bello esfuerzo para una generación que hace de puente entre dos culturas.

2 Funciones del sexo

Si queremos integrar el sexo en el ser del hombre, de la pareja, y encontrar su sentido y su valor, debemos necesariamente referirnos a sus funciones. Ellas en su dimensión de *fin* iluminarán nuestro camino. Si no tenemos claros los fines, difícilmente adecuaremos los medios.

Aunque tradicionalmente se han reducido a dos los fines de la sexualidad, el amor de la pareja y la procreación, su desglosamiento nos ayudará a profundizar en otros aspectos que la enriquecen.

Para su enunciado me serviré de distintos textos de las catequesis que sobre el cuerpo humano y la sexualidad dio Juan Pablo II en los años 1979/80. Los tengo recogidos de un artículo magistral de Javier Gafo en «Sal Terrae» (octubre de 1980, págs. 715 y ss.).

- *El sexo constituye la persona*

«La función del sexo que es, en cierto sentido, constitutiva de la persona, no solamente atributo de la persona, demuestra cuán profundamente el hombre, con toda su soledad espiritual, con la unicidad e irrepetibilidad propia de la persona, está constituido por el cuerpo como *él* o *ella*.»

El sexo no es un nuevo atributo como podrían serlo el color de los ojos o la facilidad para aprender idiomas. Nos constituye como personas al hacernos varón o hembra. Aceptar la masculinidad o feminidad, asumirlas e integrar en ellas todos los otros elementos de nuestro ser, es un primer trabajo.

A veces nos sorprende cómo «rompe» la personalidad un uso disociado de la sexualidad, respecto de las otras dimensiones. Qué difícil resulta hacerle comprensible a un muchacho la realidad de que el sexo no es un nuevo atributo del que podamos disponer como nuevo instrumento lúdico. El sexo le constituye como persona, y tiene la función de integrar los otros estratos de la personalidad: toda la realidad corporal, el mundo interior de la afectividad y los sentimientos, el pensamiento y los principios propios que desde la libertad dan coherencia al existir, y finalmente la realidad profunda e inequívoca del espíritu. Un uso desintegrado del sexo rompe la persona, aunque luego pretendamos justificarnos con mil ideologizaciones.

Del mismo modo en la pareja, una vivencia satisfactoria del encuentro sexual fortifica y reafirma tanto a él como a ella en su ser primordial masculino o femenino. Diríamos que los ayuda a sentirse realmente varón o hembra, confirmando así el difícil trabajo de asumirse cada uno como persona.

- *Manifiesta y causa la comunicación de las personas*

«El cuerpo que expresa la feminidad "para" la masculinidad, y viceversa, la masculinidad "para" la feminidad, manifiesta la reciprocidad y la comunión de las personas.»

Por el sexo el ser humano lleva en su propio cuerpo grabado su «ser para». El varón para la hembra y viceversa. Nadie es para sí mismo. Somos «para» el otro, en definitiva, para Dios.

Cuando el ser humano se encierra y revuelve en sí mismo, no es feliz, no está creado para eso; y viceversa, cuando no es feliz, tiende a cerrar sus puertas, a envolverse en su diálogo interior, en su propio castillo. El ser humano no ha sido creado para la soledad, para el egoísmo o la egolatría, para la infelicidad.

Ha sido llamado a la comunión: cuando deja de ser él y entra en comunión es cuando alcanza la plenitud de su ser, y cuando definitivamente empieza a ser feliz. Una de las cumbres de la revelación de Jesús es la relación entre la alegría y el amor que es darse, que es buscar el bien del otro y su comunión. En Jn. 15 leemos: «Para que participéis de mi alegría, y llegue a vosotros mi alegría a su plenitud». Para eso, amaos. Amaos como yo os amé, y dejaos amar.

Pero aún hay más. El cristiano sabe que no se pertenece. Pertenece a Dios: «Él nos ha hecho y somos suyos». Tampoco el amor pertenece al hombre como algo propio, es un regalo de Dios, como participación de su propia vida: «El amor de Dios ha sido derramado en nuestros corazones...» (Rom 5,5). Al plantearse una pareja de novios la posibilidad de relaciones prematrimoniales, bastaría con que uno le dijera al otro: «Lo que más deseo es pertenecerte por entero, cuerpo y alma, para siempre. Pero yo no me pertenezco, ni tampoco tú te perteneces. Esperemos a que Cristo nos entregue el uno al otro el día de nuestro matrimonio».

Con este planteamiento se da respuesta también a otra objeción: el miedo a comprometerse para siempre, que a muchos jóvenes les impide dar el paso al matrimonio. A los ojos de los hombres, para la «sabiduría de la carne», tal decisión es una locura. Es cierto que no se puede prever el porvenir, ni podemos presumir de fuerzas, pero es preciso saber que el matrimonio es un compromiso también de Dios en refuerzo del compromiso del hombre y por eso es una gracia de indisolubilidad que da efectivamente a los esposos «reservas de amor» que sobrepasan con mucho las capacidades de sus pobres y limitados corazones. Esto no se dice bastante y los jóvenes de hoy tienen necesidad de saberlo.

En el concubinato, por el contrario, cuando no hay una entrega real de cada uno, sino que es «hasta que nos apetezca», «mientras nos queramos»...

- Se hace un ensayo en calidad de objeto;
- Cada uno «se presta», como se hace un préstamo en un negocio;
- Se «pasa» del amor porque uno no se da. Y uno no se da porque teme recuperarse un día, ir recuperando parcelas de soltería. Se tiene miedo a recuperarse un día porque nos olvidamos de mirar más alto y de buscar las aguas en la *fuente* de todo amor.

En el concubinato, por todo ello, no hay comunión de amor. Sirve para los esposos el célebre pensamiento de San Agustín: «Nos hiciste para ti, Señor, y nuestro amor permanece inquieto mientras no descansa en Ti.»

- *Es fuente de fecundidad y de procreación*

«El cuerpo humano, con su sexo y su masculinidad y feminidad, contemplado en el misterio mismo de la creación, es fuente de fecundidad y de procreación, como en todo el orden natural...»

Me parece importante resaltar el hecho de que no se identifican fecundidad y procreación. Es obvio que la procreación es la primera fuente de fecundidad en una pareja, pero no es menos cierto que su fecundidad no se limita a la procreación. De hecho hay parejas que no pueden procrear.

Me resuenan las palabras del Creador: «Creced y multiplicaos». Crecer hace referencia a un aspecto mucho más rico de la fecundidad que el explícito mandato de «multiplicaos».

A la fecundidad de la pareja en su sentido más amplio me refiero en el capítulo siguiente. Aquí debo referirme a la fecundidad que se deriva del encuentro sexual.

1 Fuente de fecundidad

Es fácil que en algún momento de vuestro diálogo conyugal os hayáis planteado como un interrogante de reflexión, de toma de conciencia de lo que puede enriqueceros vuestro encuentro sexual, más o menos la siguiente pregunta: ¿en qué aspectos es gratificante (fecundo) para ti, para mí, para nosotros? ¿Qué cosas favorecen o por el contrario impiden que la sexualidad sea fuente de crecimiento en nosotros?

Sin duda la experiencia vital de cada pareja abriría un abanico enorme de respuestas posibles. Permitidme sugeriros algunas tomadas del documento a que me estoy refiriendo. Habrá muchas otras, las vuestras, pero éstas pueden despertar una fructífera vivencia.

- Es un encuentro en el que el ser humano supera su soledad.

- Experimenta su capacidad particular de expresar el amor.

- El ser humano es aceptado y afirmado por sí mismo como alguien querido por el Creador, como único e irrepetible.

- En lo que conlleva de complementariedad de lo masculino y de lo femenino, llena de gozo el corazón.

- Es fuente de dicha, de alegría, de placer.

- Es una relación de aceptación y de acogida del otro en su intrínseca dignidad, que se opone a todo lo que supone reducción del otro a «objeto para sí mismo».

- El dar y el aceptar se compenetran de tal modo que el mismo dar se convierte en aceptar y el aceptar se transforma en dar.

- Hombre y mujer al darse se descubren a sí mismos por el hecho de haber sido recibidos y aceptados; mediante la oferta de lo que son en toda la verdad de su humanidad y en toda la realidad de su cuerpo y de su sexo, de su feminidad o masculinidad, llega a la última profundidad de su persona, y a la plena posesión de sí.

- Al encontrarse cada uno a sí mismo por medio del don sincero de sí se convierte en fuente de un nuevo y más profundo enriquecimiento del otro consigo mismo. El intercambio es recíproco, y en él se descubren y crecen los efectos recíprocos del don sincero y del reencuentro de sí.

• La entrega sexual supera totalmente su vertiente fisiológica y procreadora para convertirse en don, en aceptación, en encuentro, en enriquecimiento del hombre y de la mujer.

Paso a paso, cada uno de estos puntos en su toma de conciencia puede convertirse en una estupenda reflexión, en alimento de nuestro diálogo y en cualificación de nuestro encuentro. En fuente de dicha y de fecundidad. De crecimiento.

2 Fuente de procreación

«Como en todo el orden natural», la sexualidad está ordenada en la vida humana también a la procreación.

El amor es difusivo de sí, por eso la pareja que no está encerrada en sí misma tiende naturalmente a llamar a la vida de un nuevo ser para hacerlo partícipe de su amor y de su dicha.

No cabe duda de que es el gozo de vivir y, más aún, el de hacer vivir lo que está en la raíz de esta llamada a la vida. Todo el proceso educativo del niño estará marcado por este doble gozo, si quiere ser auténtico y válido para ayudar a la criatura en su crecimiento. La afirmación *Es bueno vivir* pasa por encima del dolor y del trabajo, de la soledad y de la pobreza. Es una afirmación que brota limpia de la fe en la vida, de la fe en uno mismo y en la pareja, y sobre todo de la fe en Dios.

Saber que Dios es un Padre bueno, que nos ama; saber que es Él la respuesta a los grandes interrogantes sobre el principio, el sentido y el fin de la vida es lo que nos asienta en la existencia y nos hace verla como el mejor regalo de su amor. Por siempre el corazón creyente da gracias a Dios por la vida.

Estas certezas están en la raíz de la *generosidad* por la que la pareja, segura de la fuerza de la providencia de Dios y de su amor, invita a nuevos seres a participar de este banquete del vivir, por siempre. Una pareja consciente y segura de estas realidades está por principio abierta a la vida.

Estar «abiertos a la vida» es una concepción de la existencia muy rica. Va mucho más allá del restrictivo interpretarlo como «que toda unión sexual deba dar posibilidad a una concepción». La respuesta al número de los hijos debe darla la pareja de un modo *responsable* y conyugal. Es verdad que hoy es difícil tener muchos hijos, como es verdad que el egoísmo, el hedonismo y el materialismo de una vida fácil y, por lo mismo, raquítica se apoderan de muchas parejas. También es cierto que el miedo a nuevos embarazos crea dificultades, insatisfacción y frigidez, como es verdad que los anticonceptivos válidos, inestables en muchas ocasiones, inhiben a la mujer y en cierto modo esclavizan a la pareja.

Estar «abiertos a la vida» hace referencia al gozo de vivir y al de hacer vivir. Todo encuentro sexual debe «daros vida» y en consecuencia «dar vida» a cuanto se relacione con vosotros. Dará la vida a otros seres en función de vuestra generosidad y de vuestra responsabilidad en la medida de vuestra decisión.

- *La capacidad de expresar el amor*

> «... encierra "desde el principio" la capacidad de expresar el amor; aquel amor justamente en el que el hombre-persona se convierte en don y mediante este don actualiza el sentido mismo de su ser y de su existir».

Porque la relación sexual de la pareja es un acto de entrega interpersonal, es «sencilla y pura verdad de comunión de personas».

Como leeréis en el primer texto que incluyo al final de este capítulo, «la noche sigue al día», hacer el amor es la expresión del amor vivido, fuente de crecimiento para ese amor.

Por eso exige un clima, no sólo como preparación inmediata, sino a lo largo de la convivencia. Clima de comprensión y de perdón, de ternura vivida, de amor compartido.

No somos demasiado expertos en vivir en el amor, ni en expresarlo. Por desgracia el reproche y el abandono son más frecuentes.

Este punto es una llamada a vivir desde la bondad —la mejor expresión del amor— lo más habitualmente posible.

Que nuestros ojos, palabras y gestos estén siempre llenos de amor, de bondad.

Me gusta repetir que «el cuerpo es el lugar de la ofrenda». Y es que a través de él pasa el amor, la donación. Pero también es lugar de todos los egoísmos. Demasiadas veces decimos que lo hacemos por amor... Pero falta verdad: «me froto a ti para acariciarme yo», para compensar mis ansiedades, para satisfacer mis necesidades.

El cuerpo es lugar de ofrenda, pues el ser del otro acoge tu don a través de su cuerpo, y porque tu propio ser no tiene otro modo de expresión que tu cuerpo, en sus palabras, gestos, actitudes... El cuerpo es lo que se da y a través de él, el yo se entrega. Hace falta verdad.

El cuerpo humano, maravilla de la creación en cada una de sus partes, es también fuente de una profunda espiritualidad, pues es la expresión del amor. Toda la vida debemos esforzarnos porque el *yo* sea su dueño y no su esclavo. Nuestra apariencia externa que tanto nos cuesta asumir, las necesidades vitales de comer, beber, dormir, el sexo, la salud... son otros tantos aspectos que pueden esclavizarnos, someternos o que, por el contrario, pueden servirnos de expresión del amor, de fuente de gozo.

¡Es un hermoso trabajo!

3 Algunas consideraciones prácticas

«Serán los dos una sola carne.» ¡Sería tan bonito ver la sexualidad desde Dios que la creó! ¿En qué se nos está convirtiendo? Entre los que se pasan y los mojigatos, bastante tenemos con discutir y con convertirla en caballo de batalla. Tal vez otras generaciones puedan hablar más limpiamente que nosotros.

Y paso a mis reflexiones. Si se trata de una fiesta, ¿qué os recomienda un cura?

a) Que la solicitación sea mutua

Que no sea siempre uno, el mismo, quien vaya detrás del otro. Que la solicitación proceda de ambos. Parece tonto o de poca importancia. Pero no lo es.

Si uno de los dos observa que nunca, o rara vez, es solicitado, el hecho se convierte para él en fuente de turbación, de dudas. El sentirse y saberse deseado, buscado, es fuente de seguridad y fortalecimiento. Aumenta el cariño y la entrega. De todos modos la entrega total de los dos no podría expresarse, y sin ella la fiesta se convierte en funeral.

Solicitación mutua y solicitud mutua. Saber estar el uno para el otro. Buscar cada uno agradar al otro. Si uno es muy activo y el otro un mueble... ¡vosotros me diréis!, y hay gente que se crea cada problema...

De todas maneras siempre hay que ser consciente del momento del otro. No hay que querer lo imposible. Y hay que saber crear un clima. No llegar y ¡zas!

La relación humana no puede ser eso. Hay que enriquecerla y cualificarla. Es todo eso de los preámbulos y de la ternura que decís. Tiene que darse la entrega total de los dos. Y esto presupone bastantes cosas. Nos entendemos.

b) Que sea gratificante para ambos

Este es un gran principio y un gran criterio. A partir de él tendríais que resolver algunos problemas, responder a preguntas que nos hacéis.

A Dios gracias ya pasó el tiempo en que la sexualidad estaba reducida a ser un desahogo para el hombre y algo que la mujer tenía que soportar mejor o peor. Pero esto y otras cosas pasaron en la teoría, pero no en la práctica de la vida de muchas parejas «maduritas» o jóvenes. Queda mucho camino por recorrer.

Porque en definitiva la sexualidad no puede reducirse a la coincidencia de dos egoísmos, o de un egoísmo muy grande y de una paciencia ilimitada, sin que tenga que ser necesariamente el hombre el del egoísmo.

Gratificante para ambos. Y para ello hay que conocerse mejor, hay que hablar y claro entre vosotros de estas cosas. Y no soportar lo que no se puede soportar, y crecer juntos y evolucionar juntos. Y hay que querer ante todo agradar al otro, pero el esfuerzo no tiene por qué hacerlo uno solo.

Gratificante para ambos para que sea una fiesta.

c) Que seáis libres

Hablando de sexualidad en el contexto conyugal, y no en otro, ni enfocando el tema desde ninguna otra perspectiva, parece necesario hablar de la libertad en la pareja como condición para la fiesta, para que sea gratificante, etc.

Libertad no en el sentido que algunos le dan de hacer cada uno lo que quiera por ahí. Libertad en el interior de la pareja respecto a los miedos y condicionamientos. Libertad que no se presupone, que hay que conseguir.

Mientras el miedo atenace a la pareja o a uno de sus miembros, será difícil vivir la sexualidad como una fiesta. ¿A qué miedos me refiero? Desde el miedo al embarazo hasta el miedo a la «agresión del varón», me refiero a todos los miedos psíquicos, éticos, corporales, de fecundación...

La libertad no es algo que se posee, que se supone. La libertad *tenéis que llegar a conseguirla juntos,* hablando mucho, ayudándoos, buscando los apoyos que preciséis. Tenéis que conseguirla. De todo esto dependen demasidas cosas. No lo dejéis para mañana.

Como sacerdote me atrevería a deciros que por ningún problema que viváis en el interior de la pareja respecto a este tema os sintáis separados de Dios ni de los sacramentos. Con la única condición de que los dos actuéis de buena fe, buscando el agradaros el uno al otro, y que crezcáis en vuestra entrega y amor.

La sexualidad no es una cosa más en la conyugalidad, como tampoco el diálogo, la oración, el amor... no podemos decir «esto no va pero van otras cosas».

Cuando algo no va, el edificio puede resquebrajarse. Crecer en un aspecto es crecer en todos. No resignaros; en el peor de los casos, seguid buscando soluciones.

La sexualidad la tenéis que cuidar, tiene que ser objeto de vuestra solicitud, la tenéis que mimar.

d) Buscad la *calidad* de vuestro encuentro

Muchas veces los esposos buscáis criterios éticos. Buscáis lo que está bien, y lo que no, lo que puede hacerse y lo que no debe hacerse. Y buscáis la respuesta en las normas objetivas, queréis normas que os den seguridad.

No sé si alguna vez os habéis detenido a pensar en la relación que hay entre ética y calidad. Lo mejor es siempre lo que está bien hecho. La calidad de vuestro encuentro sexual es el principio ético, moral, de vuestra sexualidad. Cuanta más calidad tenga, cuanto más os ayuda a cubrir sus significados, a realizaros como personas, a ser fuente y expresión de amor... tanto mejor será, más ética.

Hay cosas que pervierten el encuentro sexual. Así el que sea pura expresión de egoísmos, de «derechos», el no tener en cuenta al otro... Cuando se reduce a ser premio o castigo para el otro, y se convierte en chantaje... Cuando se convierte en instrumento de refuerzo y para conseguir tal cosa, entonces me muestro encantador/a...

Y hay cosas que le dan calidad. Todo lo que expliqué al hablar del sentido del encuentro sexual, da calidad al amor.

Texto 1

La sexualidad

Transcribo lo que bajo este epígrafe dijo Mercedes Lozano, en un ciclo de conferencias dado en Valencia sobre La mujer en un mundo masculino. *El título de la conferencia fue «Ser mujer: una vi-*

vencia integrada y una posibilidad integradora». La referencia es textual.

Es un tema difícil, pero una conferencia sobre la mujer no puede soslayar ni lo sexuado —aquello que la hace mujer—, ni lo sexual —aquello en que se expresa mujer y se relaciona con el hombre—. Pero es quizá el punto en que me atrevo a hacer menos afirmaciones. Yo misma he variado tanto...

No sé si existe una verdadera transparencia en la pareja con respecto a ese tema. Se oyen cosas muy crudas y datos muy técnicos, sobre orgasmo, frigidez, etc., pero yo me pregunto si hablamos los hombres y mujeres sobre actitudes que nos hieren o nos reducen, sobre actitudes de fondo, que es lo más importante pues la sexualidad está en unos órganos sexuales, pero también y casi más en el cerebro y en el corazón.

Dos cualidades que se complementan, para mí, para una relación sexual que se mantiene a lo largo de los años, son la fascinación —admiración— y la ternura.

La fascinación era aquello que nos singularizó a la otra persona, que nos hizo enamorarnos de ella y no de otra. Esa fascinación se debe cultivar. Por otra parte, en una relación larga nos hacemos daño inevitablemente; es el precio de la convivencia. Muchas veces el rechazo al cuerpo del otro no es más que porque ese cuerpo encarna el recuerdo y el peso de fracasos, de cicatrices que nos hicimos en la búsqueda de una armonía sexual. La ternura nos ayuda a superar esas etapas y a no buscar en otra pareja una relación sin historia y sin pasado. La ternura ayuda a empezar de nuevo. La ternura y la fascinación se dan la mano.

Pienso también que, en contra de lo que se dice del atractivo de las uniones de una noche, de las aventuras fugaces, a la mujer le potencia su sexualidad el conocer a fondo su pareja, para entregarse sin reservas y sin miedo. ¿No es eso lo que hay detrás de la violación, el miedo a ser forzada por un desconocido?

No creo que la mujer sea pasiva en sexualidad. Lo que sí creo es que la mujer «desea después», y nada le estimula tanto como sentirse deseada.

Finalmente yo añadiría algo muy sólido pero muy poco vivido y lo expresaría así: Para la mujer, «la noche sigue al día». No hay ruptura. Ni puede pasar de un día duro, en que ha sido violentada, ignorada, despreciada, a una noche de amor que no acaba de sentir creíble. Creo que mucho más que muchas técnicas sexuales que los hombres aprenden en los libros, nada prepara más a una mujer para hacer el amor que sentir ese amor durante el día.

Texto 2

El diálogo de los cuerpos

J. Allemand, en «Lettre des E.N.D.»

Presento este texto como colofón del capítulo 7. Su autor entresaca una serie de respuestas de «un sabio y viejo amigo» en un coloquio personal. Es enormemente sugerente.

«Las gentes del siglo XX se aman como los bárbaros.» (Palabra idéntica en el film de Tarkovsky: *En sacrificio.* Alejandro el héroe medita sobre la época actual, sobre sus inmensos progresos técnicos y sobre su empobrecimiento espiritual y exclama: «Somos salvajes; peor que salvajes pues ellos tenían una espiritualidad que nosotros hemos perdido».)

Hemos perdido en espiritualidad. El amor humano es el primero en sufrir esta sequía. El espíritu no es el enemigo del cuerpo, como lo proclaman los imbéciles; es su luz: «Cuando tu ojo está sano, tu cuerpo entero está en la luz» (Lc 11,34).

El ser humano es *uno* y el amor humano completo pone en juego todas las zonas del ser. Si una de ellas no toma parte en el concierto, el amor no es armonioso. Es discordante. Y esta discordancia es una amenaza. Pues cada instrumento no da su plena y justa sonoridad más que estando acorde con los otros. Y más que ninguno, el cuerpo.

El cuerpo es como la trompeta. Su única ambición es que se le oiga solamente a ella, aplastando con su potencia las maderas y las cuerdas. Se lamenta de tener que atemperar su rapidez y su brillantez para concertarse con la flauta y el violoncello. Si consigue acallarlos, está feliz de su brío. Pero un día cae en la cuenta de su monotonía y se horroriza del silencio de los otros instrumentos que ya no participan.

El cuerpo tiene el peligro de dejar oír demasiado fuerte sus exigencias en detrimento del corazón y del alma. Confieso que estoy inquieto —fuera de toda consideración moral— de ver a los jóvenes precipitarse a la cohabitación desde el momento en que sienten una atracción recíproca. Van a lo más fácil. Ceden a los deseos del cuerpo. ¿Cómo atienden a las llamadas concomitantes del corazón y del espíritu? Si no les hacen caso, se darán cuenta de que sus relaciones sexuales se empobrecen y a la larga se vuelven decepcionantes. Luego vienen las crisis y las rupturas.

¡Lejos de mí el despreciar el cuerpo! Tiene su parte a jugar, una parte esencial. Pero la juega mal si se empeña en que se le escuche a él solo. Y más si se empeña en dirigir la orquesta. Es un mal jefe de orquesta. Podría ser un instrumentista maravilloso. A menudo digo a las parejas que vienen a consultarme (en general cristianos atentos a lo que dice la Iglesia): ¡Os amáis como bárbaros! Cada vez que os encontráis en la intimidad, llegáis a la unión completa. Pero os llegan momentos en los que se impone una cierta continencia, principalmente para evitar un nacimiento. O recurrís a métodos anticonceptivos artificiales, y os hacéis sus esclavos. En el fondo no habéis aprendido a hacer sonar vuestro instrumento. Sacáis de él sólo unas pocas notas y siempre las mismas. Ignoráis lo que llamo el «diálogo de los cuerpos», que de hecho es el diálogo de dos personas por medio de sus cuerpos. Algo en lo que habría que educarse desde los primeros encuentros. ¡Hay una alegría amorosa tan grande en un simple beso, en una caricia, en el solo hecho de estar el uno en los brazos del otro! Habría que reinstaurar el noviazgo como un tiempo en que un joven y una joven se inician ya en un cierto diálogo amoroso de sus cuerpos, a la par que de sus corazones y de sus almas. Es primordial para el éxito de su hogar. A decir verdad, desde la infancia debería tomar conciencia el niño de su ser sexuado.

Volviendo al diálogo de los cuerpos, creo que los casados encontrarán en él una plenitud desconocida y la respuesta a muchos de sus problemas sexuales. No sería ya cuestión de todo o nada, la unión completa o la abstención. Poseerían un vasto registro de expresión corporal de su amor. El diálogo de los cuerpos sería el acompañamiento feliz de sus intercambios afectivos y espirituales, mantendría su amor y su comunión.

Es posible y conozco ejemplos. Reconozco que no es fácil. Hace falta un largo entrenamiento, apoyado por el amor, sobre todo por ese amor asombroso de los principios, que abre las fuentes. Es un camino a emprender, camino de dicha, pero hace falta hablar de ello. Te agradezco esta oportunidad de expresarme, aunque sea someramente, sobre el particular...

Pero aún algunas palabras... porque, no lo olvides, el ser humano y por lo mismo el amor humano, después del pecado original, es un herido grave. Necesita pedir a Cristo su curación so pena de vivir la amarga experiencia de San Pablo: «¡Desgraciado de mí!» ¿Quién me librará de este cuerpo mío, instrumento de muerte?» (Rom 7,24). Cristo no sólo cura, sino que opera como una transfiguración del cuerpo.

Tendríamos que situar todo lo dicho sobre el «diálogo de los cuerpos», en una visión más amplia, en la de la vida cristiana que surge del sacramento del matrimonio. Por decirlo en pocas palabras, el amor humano santificado por el sacramento se hace portador para marido y mujer de la gracia de Cristo, que lo transforma desde su interior y lo lleva a su plenitud. No de una vez, sino a lo largo de un caminar realizado en la irradiación del sacramento. Empleo a menudo con quienes vienen a consultarme, dos palabras griegas que se graban con más fuerza en sus memorias: «eros» (la atracción sexual) es penetrado e iluminado por el *ágape* (el amor que está en Dios, y que Dios nos comunica). En esta perspectiva, el *diálogo de los cuerpos* adquiere todo su sentido en el matrimonio cristiano: es un buen conductor del amor de Dios...

CUESTIONARIO

1 Para la reunión de equipo

1 El estudio de este tema, necesariamente despierta el diálogo de una pareja. ¿Qué aspectos han sido una aportación para vuestra vida? Entresacad unos cuantos para ponerlos en común.

2 Sobre el punto 1: *Trascendencia del tema,* preparar un comentario. ¿En qué aspectos insistiríais? ¿Qué otros datos aportaríais?

3 Sobre el sentido de la sexualidad: ¿creéis que esas funciones del sexo están claras para los hombres de hoy? ¿Algún aspecto fue sugerente para vosotros? ¿En qué cosas? ¿Aportaríais algo más?

4 Del texto 1: preparad un comentario sobre «la noche sigue al día».

5 Del texto 2: «... se aman como los bárbaros». Esta reflexión contra el «o todo o nada» y a favor del diálogo de los cuerpos, ¿qué impresión os ha causado? Su comprensión, ¿os ayuda a renovar vuestra vida sexual?, ¿qué comentarios se os ocurren?

6 Al final de la reunión: una vez escuchadas todas las parejas, ¿qué conclusiones sacáis?, ¿cuáles son los principales acuerdos y diferencias?

2 Para el diálogo de la pareja

1 ¿Habláis entre vosotros en serio sobre este tema?

— *Si la respuesta es que sí: ¿sois transparentes?, ¿no hay aspectos que ocultáis? Sería una buena ocasión para sinceraros.*

— *Si la respuesta es que no: ¿qué cosas os impiden hacerlo? Determinadlas. ¿Aceptáis iniciar un diálogo sobre este tema?*

2 Podríais concretaros uno a otro qué «actitudes os hieren y cuáles os seducen» en vuestro encuentro sexual.

3 No es fácil el encuentro sexual:

— *¿Es gratificante el que vivís para los dos?*

— *¿Os sentís acogidos en lo que sois? ¿Os sentís a veces rechazados?*

— *¿Os solicitáis ambos o siempre es uno? ¿Sois los dos activos?*

— *¿Os falta libertad en algún aspecto? ¿Qué solución podéis encontrar?*

— *Pedíos un esfuerzo concreto el uno al otro.*

4 ¿Tiene calidad vuestro hacer el amor? ¿Existen entre vosotros la «exigencia supuesta», el chantaje, el refuerzo...? ¿Qué aspectos de los que aparecen en el tema vivís mejor y cuál peor? ¿Qué podríais añadir en la práctica?

5 Del texto 1: «La noche sigue al día». ¿Qué pediríais cada uno al otro para mejorar en este aspecto?

6 Del texto 2: ¿Existe el diálogo de los cuerpos entre vosotros? ¿Qué os pedís en este momento el uno al otro como fruto de este diálogo? ¿Os lo proponéis?

8
La fecundidad

Hablar de fecundidad en el matrimonio parece significar en exclusiva hablar de hijos y del número de hijos que cada pareja decida tener. La regulación de los nacimientos preocupa tanto que nos hace incapaces de comprender otras acepciones del término «fecundidad».

Quisiera ir más allá. De hecho hay parejas que no tienen hijos, los consagrados tampoco, y deben ser fecundas en muchas otras cosas. Directamente os preguntaría: ¿Qué significa la presencia de vuestro matrimonio en este mundo? ¿Qué aporta? ¿En qué estáis comprometidos como pareja? ¿Para qué os buscan?...

No nos resulta difícil entender la fecundidad individual de una vida. Son las cosas que hace, su profesión, sus trabajos, sus responsabilidades. Del mismo modo debemos entender esa más amplia dimensión de la fecundidad conyugal.

Me impresiona cuando un anciano, viendo cerca la hora de su tránsito, se mira las manos, y de un modo u otro se pregunta: «¿Qué me llevo de esta vida?». Se está preguntando sobre su fecundidad. No me resulta difícil responderle, con el Evangelio, que se lleva todo lo que dio en esta vida. Lo pequeño y lo grande.

Lo que hemos dado es lo que nos llevamos. Es así el orden de la creación. Se nos da para que demos, y ¡ay del que atesora! Cada uno en su medida y desde sus circunstancias debe transmitir los dones que recibió, y así quedar enriquecido en la medida en que participó con los demás.

La fecundidad hace pues referencia a lo que doy y a lo que me doy, a lo que damos y a lo que nos damos.

Hay una segunda referencia. La fecundidad hace referencia a la vida. Toda la creación está al servicio de la vida, ordenada a la vida. El ser humano, la pareja ha recibido también este encargo: transmitir vida. Y no sólo la vida física, sino todas las otras vidas: la del corazón, la del pensamiento, la del espíritu. La gloria del Padre es que demos fruto y fruto en abundancia (Jn 15,8).

Las dos referencias se sintetizan, definiendo la fecundidad como la capacidad, la responsabilidad de dar vida, de dar la vida. En la medida en que una pareja se dan vida uno a otro, dan vida a sus hijos, dan vida a su entorno, en esa medida es fecunda.

1 La fecundidad es un admirable poder del hombre

Como todos los vivientes, el hombre tiene el poder asombroso de transmitir la vida física. Por él se inserta activamente en el movimiento prodigioso de la vida, que es el milagro más sorprendente de la historia terrestre. Tal vez estemos tan hechos a ello que ha dejado de sorprendernos.

Pero aún hay más. El hombre, varón y hembra, la pareja humana tiene el poder de hacer crecer la vida, de acompañarla llevándola a plenitud. Y lo hace al transmitir la vida del corazón (el amor, la bondad...), la vida de la inteligencia (el pensamiento, los valores...), la vida del espíritu (la fe, la gracia)...

¡Tenemos el poder de darnos vida! Hacer *vivir* es el más grande gozo. También es cierto lo contrario: podemos quitarnos la vida, y perder así la alegría de vivir.

Vosotros, ¿sois conscientes del poder que tenéis de daros o quitaros la vida, el uno al otro, a los hijos, a los demás?

2 La fecundidad es una exigencia del amor

El amor llama al «hijo» como el ser en quien se realiza la perfecta unidad de las dos carnes, de los dos seres. «Nuestro amor es alguien en él.» El amor es difusivo de sí. Irresistiblemente tiende a dar, a darse, a dar vida.

El amor tiene la aspiración del «hijo» como su fruto, comprobación de su riqueza y de su vitalidad. El «hijo» es la obra maestra del amor; por la educación el amor de los padres da la plenitud del ser hombre al hijo. Y lo que se dice del «hijo» se dice de todo cuanto significa el «dar vida», porque es mucho mayor el poder de dar vida del amor, que necesita comunicarse a otros seres. Será toda la irradiación social y pastoral de una pareja.

3 La fecundidad es una bendición de Dios

Cuando Dios llamó a Abraham, le dijo: «Sal de tu tierra y te bendeciré. Tu descendencia será tan numerosa como las estrellas del cielo».

• *Sal de tu tierra...* seguirá siendo por siempre una fuerte llamada para las generaciones de los hombres. Sal de ti mismo, de tus egoísmos, de tus fangos, de tus instalaciones, sal, sal... ¡Si quieres ser fecundo, sal!

De vez en cuando, necesitaríamos preguntarnos: ¿de dónde tenemos que salir?, ¿de qué actitudes, de qué egoísmos, de qué instalaciones?

• *...y te bendeciré.* La bendición de Dios es la fecundidad de una vida.

Cuando una vida es fecunda tiene sentido, tiene gozo y alegría. Bástenos mirar a tantas parejas, con hijos o sin hijos, a tantos hombres y mujeres consagrados y la enorme fecundidad de sus vidas.

Al margen de que hagan pocas o muchas cosas, de que estén sanos o enfermos. Hay vidas fecundas. Salieron de su tierra y fueron bendecidos.

4 La fecundidad es una colaboración con Dios

• Con el Dios Creador, que al hacer al hombre a su imagen lo ha hecho también creador. Dios lo es «desde la nada»; el hombre lo es «desde las simientes» que Dios puso en sus manos. Todo trabajo humano, toda fecundidad es colaboración con la creación de Dios, hasta llevarla a su plenitud.

La plenitud de la simiente es la ofrenda del hombre. «Me lo diste Señor como en simiente, lo trabajé, lo cuidé, lo llamé... hoy te lo ofrezco en su plenitud.» Al esposo, a la esposa, al hijo, al otro, a las responsabilidades... «me las diste, las trabajé, te las ofrezco».

• Con el Dios Redentor que ha dado al hombre el poder de comunicar la gracia, la propia vida de Dios, para rehacer y recrear lo que el pecado destruyó; poder de dar la gracia y de hacerla crecer; poder de sufrir con Él para redimir y restituir en su belleza la creación.

La fecundidad no es sólo colaboración con Dios, es sobre todo imagen de Dios. Porque cada vez que el hombre pone su sello en el mundo que domina, se parece a Dios Creador; pero cuando pone en el mundo la vida, se parece a Dios Padre.

5 La fecundidad es un misterio

Y como tal, inabarcable. Porque un hijo es mucho más que un hijo. Después de varias generaciones, ¿cuántos descendientes habrá?

Pensemos lo mismo de cualquier otra fecundidad: ¿hasta dónde llegará su repercusión?

La fecundidad reproduce a escala humana el misterio de Dios, que es la fecundidad misma, una fecundidad de amor. Su fecundidad interior (vida de la Trinidad de Dios) y su fecundidad exterior (creación) es el modelo, la fuente y el término de la fecundidad humana.

Una propuesta concreta: un trabajo común

Marido y mujer, tengáis o no la misma profesión, pasáis muchas horas de cada día, la mayoría de las horas, cada uno en vuestro mundo de trabajo, preocupaciones, tensiones y realizaciones. Que sin duda luego comentáis y compartís. Y cada uno os interesáis por lo del otro. Llegáis a conocer a vuestros respectivos compañeros y todo el mundo que os rodea en vuestra vida laboral, con sus luces y sus sombras.

Al encontraros por la tarde en casa, seguro que os dedicáis un buen rato el uno al otro, pero casi sin querer os enfrascáis cada uno en vuestras cosas. Os ayudáis mutuamente y compartís esos ratos y esos menesteres.

Pero quisiera proponeros algo más. He visto que es algo estupendo el que cada pareja tenga un trabajo que sea de los dos, algo que de alguna manera sea la proyección de la pareja, que signifique ese don que la pareja hace de su comunión. Educar a los hijos lo es, pero muchas veces no lo entendéis así. Y no basta. Acoger al que llega a vuestro hogar, lo es también: los dos acogéis. Pero no basta.

Hay que encontrar la forma: en el arte, en la ciencia, en la política, en la pastoral. En la asociación de vecinos, en la escuela de los niños, en la parroquia, en un centro de cultura, cara a los jóvenes, cara a los marginados, en el municipio, en la investigación, en la música o en la literatura... donde sea. Pero algo que hacéis los dos, en lo que os encontréis los dos. Aunque sólo sea hacer una colección juntos. Pero algo que sea una creación y una proyección de los dos.

Es formidable lo que contribuye a la unión de los dos, a la realización de la conyugalidad, el hacer un esfuerzo así. Y tenemos que conseguir que las Juntas de Padres sean juntas de parejas y no de señores o de señoras por separado, que en Cáritas, y en las asambleas de escalera, y en todo lo posible sean parejas las que trabajen.

Os llamaría la atención preferentemente en la dedicación de los jóvenes. Los tenemos dejados de la mano. Más caso suelen hacer a los padres de sus amigos que a sus propios padres. Reunid en vuestras casas grupos de jóvenes. Invitadlos aunque sólo sea a oír música y tomar una coca-cola. Y charlad con ellos. Orad con ellos. Plantead juntos temas de interés. Lo que sea. Trabajad en lo que pueda significar una preparación para el matrimonio, en el «tú a tú», en las charlas a grupos. Abrid vuestras casas a los jóvenes.

Nadie puede determinar el trabajo de una pareja. Pero están disponibles.

Hoy todos nos consideramos con derecho al pataleo, y es muy cómodo situarse por sistema en la oposición. Hay que dar el callo. Es muy cómodo encerrarse en casita y desde allí observar y criticar.

Y si os llaman de la escuela, de la parroquia, de la asociación de vecinos, del municipio, de la cultura, de lo que sea, decid que sí, pero los dos.

Trabajad juntos en algo y creceréis juntos.

Hay quienes nunca tienen tiempo. Siempre son los que más hacen los únicos que están disponibles. Haced una escala de valores. Restadle horas a la tele, a las reuniones vacías, al estar sin saber qué hacer. Y veréis cómo sí que tenéis tiempo. Hay que quererlo. Intentadlo.

CUESTIONARIO

1 Para la reunión de equipo

1 ¿Qué os ha llamado más la atención en este tema? Concretad dos o tres cosas.

2 La fecundidad de una pareja hace referencia al amor y a la vida: ¿podríais entre todos elaborar una lista de cosas —indicando hasta las más pequeñas— en que una pareja puede ser fecunda, tener una misión que realizar? ¿Cuáles serían prioritarias?: otras parejas, jóvenes, los más pobres...

3 *Sal de tu tierra...* Referido en general a las parejas, ¿cuáles serían esas «tierras», esos egoísmos e instalaciones, de donde tendrían que salir las parejas? Lo habéis hablado a nivel de pareja. Aquí de un modo general, destacad en el mundo de hoy, con sus condicionamientos, algunas de esas instalaciones.

4 Preparad un comentario, con aplicaciones prácticas, del pensamiento: «El hombre es creador, desde las "simientes" que Dios puso en sus manos para poder hacer la ofrenda».

5 Compartid entre vosotros la propuesta que hace el tema de un trabajo en común. Exponed ideas, iniciativas, cosas que conocéis de otras parejas.

6 Después de estudiar el tema, de escuchar a todos, como final, haced un *feed-back:*

— *¿Estaba claro este tema entre vosotros?*

— *¿Qué tipo de cosas han aparecido más veces en la reunión?*

— *¿Habéis visto que se considere importante por el grupo esta visión de la fecundidad para ser pareja? No es muy corriente.*

2 Para el diálogo de la pareja

1 ¿Qué significa la presencia de vuestro matrimonio en este mundo?, ¿qué aporta?, ¿en qué estáis comprometidos como pareja?, ¿para qué os buscan? Estas preguntas, así de golpe, pueden parecer un poco brutales, pero no temáis enfrentaros con humildad a ellas.

2 Procurad concretar en qué cosas —aunque sean pequeñas— como pareja habéis hecho una labor: acoger, compartir, visitar, desempeñar una responsabilidad, ayudar a otra pareja, apoyar a algún joven...

3 *Sal de tu tierra...* ¿De «dónde» tendríamos que salir nosotros, de qué egoísmos e instalaciones, para ser bendecidos por nuestra fecundidad? Procurad concretar, estando de acuerdo, al menos dos cosas.

4 Tal vez nunca os habíais planteado

este tema de «ser fecundos», además de con los hijos. ¿Por qué no os proponéis algo aunque sea muy pequeño?

5 ¿Podríais hacer juntos algún «trabajo»? Encontraros juntos en la realización de alguna cosa os ayudará a crecer juntos.

9
El diálogo conyugal

Hablamos poco. Nos hablamos poco. A la natural dificultad que encontramos para comunicarnos, para saber decir lo que pasa por nosotros, se suman las prisas y el ajetreo de la vida moderna que no nos dejan tiempo más que para buscar una evasión y olvidarnos así de tantos problemas que nos agobian; nos quedamos sin el tiempo que precisamos para lo esencial.

El diálogo conyugal entra en lo que debemos considerar «lo esencial», lo imprescindible para comprendernos, para compartirnos, para que nuestro amor crezca, para vivir a dos. Esencial para no llegar a ser dos extraños que viven juntos, para evitar que una pequeña grieta se convierta en un gran dique, para no ser indiferentes ante el otro. Esencial para saborear al otro a lo largo del proceso de la vida, caminando juntos hacia la plenitud de ser cada uno él mismo.

Esencial para ser marido y mujer.

Como decía uno, el diálogo en muchas parejas es un diálogo de bomberos; diálogo en el fuego. En el fuego de los egoísmos que coinciden, de las agresividades latentes, de nuestras intransigencias, de nuestras incomprensiones. Y si somos pacíficos y no llegamos a tanto, diálogo que se difumina en nuestras necesidades, en las cosas que pasan por fuera, en lo que cuesta la vida...

Pero no en un encuentro de los corazones. Y esto hay que buscarlo. No se puede dar por supuesto. No hay que dejarlo para más tarde. Hay que dedicarle tiempo y atención. No desanimarse porque a veces «no salga».

Lo mismo que programáis y cumplís otros compromisos: «Tal día ir a cenar a casa de...», «Tal día ir al cine» o «al fútbol»... descubrid lo que significa programar también *nuestro día* cada mes.

Ese día en que vais a ser de un modo especial el uno para el otro. En el que desde que os levantáis procuráis ser distintos y echarle imaginación a las cosas. Ese día en el que os vais a dedicar todos vuestros ratos libres, vais a ser de un modo especial el uno para el otro. Vuestro día. El día en que tendréis tiempo para conversar largo y tendido, para explayaros y agradaros, para comprenderos y exigiros. Ese día en que hallaréis la forma de estar solos las más horas posibles, o todo el día. No digáis que no podéis porque por otras razones ya os apañáis.

Y antes de iniciar vuestro diálogo, que es distinto del «ya hablamos» de cada día, haced un poco de oración. Primero cada uno por su lado y luego juntos. Para crear ese *clima* y para que no vayáis cada uno a vuestras reivindicaciones, a contentar vuestro amor propio. Y si no eres creyente y has conseguido llegar hasta esta página, haz un poco de yoga y, si no sabes, relájate, dúchate y perfúmate, tranquilízate, ponte en paz y disponte a «querer sólo agradarle».

1 Dos parábolas

• De *Bernard Shaw:* «El hombre más inteligente que conozco es mi sastre; cada vez que lo visito, me toma medidas, mientras que los otros me han medido una vez por todas». Si queremos aprender a descubrir a alguien, tenemos que saber redescubrirlo cada vez como algo nuevo.

• De *Schopenhauer:* «Es de noche, hace frío, y en una gran extensión llana se encuentran unos puercos espines. Entonces como hace frío se acercan, y cuando se acercan se pinchan; al hacerse daño se separan. Y así sucesivamente». Todo el juego de la vida consiste en encontrar continuamente la distancia que nos permite al mismo tiempo ayudarnos los unos a los otros y no hacernos daño los unos a los otros. Aceptar que el otro no sea yo, que posea caminos propios y al mismo tiempo no aceptar la separación, intentar vivir a dos.

2 Saber escuchar

Uno de los principios de la comunicación, de la relación interpersonal, es que cuando alguien «se dice», cuando alguien se comunica, ese ser se está dando.

Y a esta actitud del que al decirse se da corresponde la del que escuchando acoge en sí el don del otro.

Decirse = darse
Escuchar = acoger

Escuchar, acoger el don del otro, es mucho más que oír. Supone la capacidad de hacer el vacío interior, liberarse de prejuicios, poner todo de su parte para querer captar y comprender la comunicación del otro, el don del otro. Es todo un arte saber escuchar. No es fácil llegar a esa transparencia. Pero es una dicha conocer a alguien que sabe escuchar, que sabe ponerse en tu pellejo, que comprende lo que realmente le estás diciendo, que no proyecta nada de sí en tus palabras, «haciéndote decir» lo que no has dicho ni querías decir.

Llegas a sentir que estás «en» el otro, has podido «pasar», y te comprende. Yo «en» ti, tú «en» mí. Somos, de otra forma, «una sola carne».

Pero, por el contrario:

- Cuántas veces empiezas a hablar y ves que te cortan, y ya te están respondiendo cuando ni siquiera te has podido explicar. ¿A qué estarán respondiendo?

- Cuántas veces te sale el «pues yo» cuando el otro justo empezaba a decirse, y es que necesitas que se centre en ti y olvidas que también tú debes centrarte en él, que también él te necesita.

- Cuántas veces, sin esperar, meneas tu cabeza preparada ya la respuesta, lleno de tus prejuicios.

No es fácil escuchar, acoger el ser del otro. Pero es ¡tan precioso!

Pero, ¡ojo!: escuchar es una actitud dinámica en la persona. Hay personas que se sitúan en la «pose» de la escucha y nunca hablan o porque nada tienen que decir, o a la defensiva, o para ocultar su ignorancia. Al menos su discreción es imitable, pero eso es otra cosa. Es una escucha pasiva, resignada, «alguien tiene que escuchar». Son víctimas de la labia ajena. ¿Y esos grupos en los que todos hablan a la vez?

Resumiendo, diría que hay que escuchar con el corazón porque sólo el corazón puede acoger, porque sólo el corazón pone inteligencia, comprensión y sensibilidad para escuchar.

3 Creer en el otro

Creer en el otro a pesar de todo. Porque todo ser es capaz de cambiar, de transformarse, de darle la vuelta al calcetín de su vida. Creer en el otro porque en todo ser hay algo, hay mucho que es positivo y válido. A partir de ahí podemos construir.

Frases como «si ya me lo conozco», «¿qué me puede decir?», «¿para qué hablar si todo va a seguir igual?», «¡pues no sabré yo qué especie de persona es!»... revelan tantas veces situaciones límites, de resignación ante lo imposible, de desamor.

¡Creo en ti! es un acto formidable de amor y de esperanza. Siempre hay algo de donde partir, a lo que agarrarse. Y sin llegar a esas situaciones límite, decir «creo en ti» es una forma preciosa de decir «te quiero».

Y es condición esencial para el diálogo. ¡Cuántas veces, todos, necesitamos que alguien nos diga «creo en ti»! Porque uno puede tener sus fallos, sus malas épocas, sus momentos sombríos. Y uno necesita poder empezar cada vez, uno necesita su nueva oportunidad. Dejaríamos de ser intransigentes: «se acabó para mí», «me decepcionó», «ya no será lo que era»... si pensáramos alguna vez en cómo nuestro Dios cada día nos da una nueva oportunidad. Si Él tiene tanta paciencia contigo, y no lo niegues; si Él te da constantemente nuevas oportunidades, ¿quién eres tú para negársela a nadie y menos que a nadie a tu mujer o a tu marido?

Demasiadas veces esperamos a que el otro sea lo que nosotros queremos que sea para quererle. Esperamos que responda a nuestras ensoñaciones, o proyectamos en él nuestras insatisfacciones. Dios no nos pide que amemos nuestros sueños; lo que Él quiere es que amemos a las personas tal y como son. En el momento en que una persona se siente amada por sí misma, por lo que es, en ese momento empieza a mejorar, a «cambiar». Nunca conseguiremos que crezca ese prójimo a quien sutil y persistentemente le estamos reprochando que no es como quisiéramos que fuera.

Me pregunto si es posible querer a alguien por lo que es, por ser él, si no se quiere uno a sí mismo, si no se acepta, si no está contento de ser él.

4 Dar respuesta

Lo dije ya en otro lugar. Hay que saber responder a lo verdadero de la petición del otro. A veces somos críos. El otro tiene toda la razón en lo que te dice, en lo que te pide. Tiene toda la razón del mundo. Y lo sabes. Pero no cedes. Y pasan los años y tú «erre que erre».

Y eres espléndido. Y generoso. Y... ¿por qué se queja, si no le falta nada?

Le doy *mi* respuesta. Exactamente lo que quiere es un vaso de agua y yo me empeño en regalarle un buey. Pero resulta que el buey no le hace falta, que lo que necesita es un vaso de agua. Y me entendéis:

— Quiero que le dediques más tiempo a los niños;

— Que no quieras sólo satisfacerte tú, que estés más atento a mí;

— Que no te calles tus penas, pues sufro más que si las compartiéramos;

— Que no dedicamos tiempo a dialogar;

— Tenemos que desprendernos de lo que nos sobra.

Y tantas cosas. Cuanto más damos «nuestras» respuestas más vamos convirtiendo al otro en alguien que recibe una asistencia perpetua. En alguien que nunca llegará a descubrir sus caminos ni a ser él mismo.

5 De qué hablar

De ti y de mí. De lo que pasa en nuestras vidas. De nuestra manera de vivir. De lo que voy sintiendo, de lo que me hace pensar y en lo que pienso. De cómo voy viviendo a Dios y cómo te voy viviendo a ti. De lo que nos pasó el otro día. De lo que tendríamos que hacer. Y comprendernos, perdonarnos, reconocernos el bien. Y de nuestro proceso, nuestro crecimiento. De lo que me va de ti y de lo que me va menos...

Y de nuestros hijos, y de cada uno en particular. De nuestros principios al educarlos, y de la situación de cada uno. Y de nuestras familias, amigos, vecinos y nuestras actitudes ante ellos.

Y de nuestro trabajo, de nuestros compromisos para con los demás. De lo que hacemos y de cómo lo hacemos. De lo que podríamos hacer.

Y de Dios, de su palabra, de lo que escuché. De mi oración y de nuestra oración.

De tantas cosas. Con jardines secretos o sin jardines secretos, como queráis. Pero las cosas hay que hablarlas, plantearlas, resolverlas. Una pequeña cosa, ¡cuántas veces!, que se queda ahí sin resolver, y se enquista y crece. Una pequeña cosa que fue acumulando otras y sin daros cuenta surgió un abismo entre los dos.

De tantas cosas: escuchando como quien acoge, creyendo y esperando en el otro, intentando responder al otro.

6 Algunas sugerencias

Antes os decía que oración y conyugalidad son semejantes. De la oración siempre hice sugerencias a los esposos para su vida. Oración y conyugalidad piden que se les dedique tiempo. Alguna vez lo podrías ocupar así:

En la alabanza: Significa haber descubierto lo que hay de verdad, de bondad, de belleza en el otro y se capaz de decirlo. Nos dicen en el Génesis que nuestro Dios a medida que iba realizando la creación veía que toda estaba muy bien hecha, y lo decía.

A nosotros nos cuesta un horror descubrir algo bueno en los demás, y no digamos lo que nos cuesta decirlo cuando lo descubrimos.

¡Qué bonito sería que alguna vez os sentarais solamente para deciros todo lo bueno que veis cada uno en el otro, sin peros! ¿Es posible que no lo hayáis hecho?

Saldréis reconfortados, os lo aseguro. El ideal sería que la alabanza se convirtiera en hábito en ti. Que fueras alguien a la caza de detalles hermosos en el otro.

Terminarás por provocarlos. Y tu presencia y tu vida serán una fiesta.

En la gratitud: Reconocer lo que significa para mí. Hay personas que tienen siempre la palabra «¡gracias!» en sus labios. Otras nunca te las dan por más que hagas por él. ¿Habéis pensado en lo que significáis cada uno para el otro?

Otra idea para algún día, cuando habléis en «vuestro día»: ¡Vamos a decirnos lo que hemos significado el uno para el otro a lo largo de la vida! ¡Vamos a recordar tantos momentos maravillosos vividos juntos! ¡Vamos a darnos las gracias!

En la ofrenda: Os acordáis cuando Jesús le dice al ciego de Jericó: «¿Qué quieres que haga por ti?» La ofrenda es lo que hicisteis una vez al comprometer cada uno su vida con el otro. Pero en lo cotidiano, ¿cuántas veces os habéis dicho de verdad «qué quieres que haga por ti»? La ofrenda no de tus cosas, de lo que te sobra, de tus migajas. Tu ofrenda. La ofrenda de ti.

Estamos llenos de razones para no hacerlo. Tenemos miedo de que se nos coman... Nos ofrecemos con la boquita pequeña. La actitud de ofrenda ¡es tan sintética! Por eso nos resulta difícil. Tal vez en ella esté la clave y el secreto de muchas cosas que serían de otra forma desde esa disposición.

Y ¿por qué no? Un día, en vuestro día: ¿qué quieres que haga por ti? Pero sinceramente. Y luego, en la oración, los dos al buen Dios.

En el perdón: Forma parte inseparable de cualquier relación: ¡he prescindido de ti! Te he ignorado, no te tuve en cuenta, no fui consciente de tu momento... Es muy claro.

Tal vez el perdón deba estar en todo diálogo conyugal como ingrediente imprescindible. No tardéis tanto en perdonaros. Y si decís «perdono pero no olvido», no te engañes; el que no «olvida» no ha perdonado. Si tanto se te perdonó a ti, ¿qué hay que tú no puedas perdonar?

En la súplica: Es el «te necesito» de quien se sabe pobre, que por sí mismo poco puede.

Pero hay la súplica del niño que sólo sabe pedir y no da nada. Que exige. O la súplica del pedigüeño, y ¡cuántas veces lo somos!, del que nunca tiene bastante y para quien nada es suficiente.

Es esa otra súplica, que brota de la ternura y de la pobreza, de quien además sabe recibir y necesita recibir del otro. Porque también hay quien no necesita de nadie ni de nada.

El «te necesito» debería ser permanente en vuestras vidas. Pero el de verdad, que ya está bien de necesitaros para tener la camisa limpia, o el dinero, o para cargarle al otro todos los muertos.

Podéis ver que son sugerencias sencillas, pero que de hecho enriquecen y cualifican vuestra relación y vuestro diálogo. Y que le dan su emoción.

7 Y al final

El diálogo entre los esposos no se cierra en la palabra. Ni la comunicación. Hay la «liturgia», ese conjunto de signos y de ritos a través de los cuales os reconocéis, os comunicáis, os amáis. Celebración de ese acontecimiento único de la aventura de vuestro amor. Recuerdo y actualización de toda una historia de amor. Siempre que interrogo a matrimonios sobre cómo va la liturgia de sus relaciones, se me sonríen. ¡No han caído en la cuenta!

Sin ritos, sin signos, un amor se muere.
Sin celebrarlo, un amor se muere.
Sin recordar, un amor se muere.
Sin renovación, sin actualización, una tradición o un amor mueren.

¿Habéis aplicado alguna vez a vuestra relación los grandes pasos de una historia de salvación y de amor? Son los acontecimientos a celebrar: me elegiste, me llamaste, me hiciste libre, me hiciste crecer, me llenaste de tu espíritu, me rescataste, me hiciste fecundo. Me amaste.

¿Y qué han sido de esos ritos y signos que os harían presente vuestra historia? «Teníamos algunos, pero se fueron perdiendo...»

Cada pareja necesita un lenguaje, una mímica, una simbología. Y necesita enriquecerlos cada día. Hay que ponerle vida e imaginación al amor. Un granito de locura. Creatividad y fantasía. Ilusión. Hay que permanecer enamorados.

Es urgente que reviséis la liturgia de vuestro amor, que la cuidéis. Que encontréis en ella la victoria contra la rutina y el cansancio.

8 La fiesta

El romanticismo del champagne de un miércoles cualquiera. Pero algo más. ¿Habéis observado en el Evangelio algo que es para mí mucho más que un detalle intrascendente? Casi siempre que Jesús vivía un «encuentro» con alguien, a ese encuentro le seguía una fiesta. Le llegaron a criticar: «siempre anda en comilonas».

Sin duda el encuentro en profundidad es por sí mismo un festín y un banquete, tal vez el más bello de la vida conyugal. Pero necesitamos significarlo. Con cualquier cosa por pequeña que sea. No hacen falta muchos aspavientos. Pero ¡por favor! Desechad el aburrimiento y la monotonía. ¡Sed festivos! A vuestra manera. Lo tenéis que celebrar. Que cualquier cosa os sirva de pretexto. «¡Que sea un motivo!»

Y ¡hale!

Sed una fiesta el uno para el otro y para vuestros hijos y para todos. Ya vale de caras largas. Y para esto no hace falta el dinero ni el ser listillos.

CUESTIONARIO

1 Para la reunión de equipo

1 Resaltad cada pareja dos o tres cosas que más os han llamado la atención en el estudio de este tema.

2 Por vuestra propia experiencia y por el conocimiento de otras parejas:

— *¿Os parece que se habla suficientemente a nivel de matrimonios?*

— *¿Qué temas creéis que no se tocan habitualmente?*

— *¿De qué cosas se habla más fácilmente?*

3 A nivel general:

— *¿Cuáles son las principales dificultades para el diálogo en pareja?*

— *¿Qué soluciones pueden ofrecerse para vencer estas dificultades?*

— *La falta de tiempo, ¿no es más un pretexto que una dificultad?*

4 Preparad un comentario cada pareja a una de las dos parábolas del punto 1, de Bernard Shaw, y de Schopenhauer, a la que queráis. Haced aplicaciones concretas.

5 ¿Estaríais de acuerdo en que la incapacidad de amar al otro tal y como es, por lo que es, por ser él, pueda provenir de la falta de aceptación de sí mismo? ¿Puede deberse a otras causas?

6 Evaluar el trabajo hecho:

— *¿De qué os ha servido?*

— *¿Cómo os habéis sentido a nivel personal y de pareja al estudiar el tema y al tratarlo en la reunión?*

— *¿Qué conclusiones sacáis?*

2 Para el diálogo de la pareja

1 ¿De qué temas no «podemos» hablar nunca entre nosotros? Daros un tiempo de silencio para preparar cada uno su respuesta.

2 ¿Nos gusta quedarnos solos? ¿Salimos solos? ¿Nos «escapamos» los dos para estar solos?

— *¿Sí? ¿Lo hacéis suficientemente? ¿Tenéis al menos vuestro día al mes?*

— *¿No? ¿Por qué? ¿Por qué necesitáis siempre a otros? ¿A que tenéis miedo?*

3 Podríais, también hoy, dedicar un tiempo a deciros todo lo bueno que veis cada uno en el otro, sin peros.

4 ¿Qué ritos vuestros creéis que habéis perdido, desde el noviazgo? ¿Los habéis sustituido por otros? ¿Podríais hoy crear alguno para en adelante?

5 Deciros el uno al otro con sinceridad: «¿Qué quieres que haga por ti?» Daos tiempo para pensar y... proponeros luego daros respuesta en la vida.

6 Al final una invitación: escribid una carta de amor el uno al otro. Tal vez haga mucho tiempo que no lo habéis hecho.

10
La oración conyugal

La oración conyugal crea el *clima* de la espiritualidad a dos, es su florecimiento más justo, es su fuerza y su medicina, su alimento. Es la fuente de la que brota.

Para muchos la oración conyugal encierra una dificultad insuperable. No sé qué condicionamientos psicológicos pueden entrar aquí en juego: falsos pudores, incapacidad para remontar determinadas lejanías o rupturas, estrecha concepción de lo que es orar... Francamente no sé y vosotros tampoco me lo sabéis decir.

Pero si, como dijo Jesús, orar es imprescindible: «el que ora se salva», y orar tiene que ser fácil. Porque lo que es imprescindible tiene que estar al alcance de todos. Respirar es imprescindible y, claro, es fácil. Algo así pasa con la oración, a la que bien se le llama «la respiración del alma».

Tal vez tengamos que redescubrirla, tener la humildad de empezar de cero varias veces en la vida. Tal vez tengamos que borrar todas las complicaciones mentales que en torno a ella nos hemos hecho y aceptarla en su sencillez e ingenuidad.

Acaso sea que no hemos descubierto que la oración está en nosotros, en lo profundo de nuestro ser y lo único que nos hace falta es dejarla brotar.

En definitiva, creo que nuestro gran problema de cara a la oración es que sólo rezamos para pedir, sólo rezamos para dar gracias por lo que tenemos y no compartimos. Tal vez recemos para justificarnos y reconciliarnos con nosotros mismos, o porque es una obligación, o porque lo «necesito», o porque me da paz... ¡Vivimos tan preocupados por nosotros mismos!

Y aquí creo que llegamos al núcleo del problema, y por aquí quiero empezar.

1 La oración crea el *clima* de la espiritualidad conyugal

San Ignacio, maestro de oración, insistía en que la disposición para orar era ésta: *Querer sólo agradarle a él.* Y vosotros, como esposos, entendéis mejor que nadie que puede significar «querer solamente agradar al otro». Orar es eso: querer agradarlo, ser para Él, bendecirlo, ofrecerle ese tiempo de tu vida, darle gusto, obsequiarle. Orar es también darle una oportunidad a Él para que pueda ser para ti lo que Él es: el Dios bienaventurado, de amor, el que te llamó eligiéndote, el que te hizo libre, el Dios de misericordia y de salvación, el Dios todo ternura y fidelidad, el Dios justo y comprensivo...

«Ni el ojo vio, ni el oído oyó, ni por mente humana pasó el sospechar lo que Él puede llegar a ser para quienes le aman.»

Ser sólo para Él y Él para mí. Eso es orar, en la vida y en los momentos de intimidad. Y nos basta con ponerlo en plural para entender qué cosa sea la oración conyugal: ser los dos sólo para Él, y Él para nosotros. La oración brotará por sí misma de vuestra comunión y será alabanza, adoración, ofrenda, gratitud, perdón... ¡Será tantas cosas!

Al deciros esto entiendo comprender al mismo tiempo qué sea la oración y cómo la oración crea el «clima» de vuestra espiritualidad. Y es obvio decirlo del «querer solamente agradarlo». Lo que vivís en la oración debéis vivirlo en vuestras vidas. Porque si en la oración sinceramente queremos agradarlo, estaremos entrenándonos para conyugalmente querer sólo agradarnos. Y viceversa, cuanto más nos esforcemos al vivir en querer sólo agradarnos, y a cuantos nos rodean y a cuantos nos tropecemos, estaremos entrando como de la mano en la oración. Realmente la dificultad de la oración no está en la oración. Está en mí. Vivo demasiado preocupado de mí mismo. En este banquete de la vida camino en razón del banquete, y no en razón del Amigo que me da el banquete, al decir del sabio.

Y cuando me refiero al Amigo que me da el banquete, me refiero a Él y me refiero a ti. Buscarte en el banquete a ti:

- En el festín del encuentro profundo del diálogo que pone en comunicación el centro de mi yo con el tuyo, buscaré tan sólo el agradarte;
- En la fiesta del encuentro sexual de nuestros cuerpos, signo y llamada de la entrega total de los dos, buscaré tan sólo el agradarte;
- Al despertar cada día, pensaré en agradarte, en el trabajo y en la diversión, en las lágrimas y en las risas, en los apuros y en las tristezas... Y mi último pensamiento será agradarte.

Oración y conyugalidad, tan paralelas, tan semejantes. A veces al hablar de conyugalidad me parece estar hablando de oración. Y viceversa. Y es que en el fondo, como soy con los demás soy con Dios. No nos engañemos. Crecer en conyugalidad es crecer en oración, es crecer en esa otra conyugalidad con Él.

2 Plenitud de la comunión

Porque en la oración, como en el diálogo y en el encuentro sexual, en el compromiso... somos también «una sola carne», entramos en comunión.

Porque nunca somos más *nosotros* que, cuando cogidos de la mano, levantamos nuestros ojos y somos para Él y Él para nosotros. Sin más. El pensar o el decir o el reflexionar lo podrán embellecer, pero no son lo esencial.

Y es que cogerse de la mano y presentarse ante Él significa y presupone muchas cosas:

- Nos hemos comprendido y perdonado, al menos lo estamos intentando;
- Estamos cerca uno del otro, caminamos juntos, nos compartimos;
- Somos uno, nos ofrecemos, lo acogemos;
- Queremos agradarnos y agradarle;
- Lo que esperamos, lo esperamos de Él;
- Al amarnos, le amamos.

Sin más. Cogerse de la mano y «nosotros para ti, Tú para nosotros».

3 Alimento y medicina

Fuerza y fuente de la conyugalidad. Remedio. Remedio y medicina porque en la oración se cierran y cicatrizan tantas heridas, se calma y suavizan tantas intolerancias, se llega a comprender y a perdonar, se apaciguan las tormentas. Bálsamo, que tantas veces necesitaríamos. La presencia del Justo pone en su sitio cada cosa. La presencia del *amor,* de la *paz* y de la *libertad...* lo cura todo. ¡Que en vuestra oración lealmente os pongáis en su presencia!

Fuente, alimento y fuerza porque en la oración Él puede serlo todo para nosotros. Y su trabajo silencioso, suave e impetuoso a la vez, en lo profundo de nuestro ser, hace posible en nosotros lo que por nosotros mismos no conseguiríamos; hace realidad lo que parecía imposible: que sepamos morir a nosotros mismos para Él, y nosotros para los demás.

4 Y en la práctica, ¿cómo?

En la oración cada persona, cada pareja, tiene que ser ella misma. No hay que buscar recetas por fuera. Sencillamente os sugeriría:

- Tomaros de la mano, miraros a los ojos (¿por qué no os proponéis no dormiros ni una noche sin haberos cogido de la mano?; por muy tensa que sea la situación, deslizadla cada uno y encontraros, que nada es tan imperdonable...) y decid el padrenuestro o lo que os guste o lo que queráis. O no digáis nada. Simplemente estáis en su presencia y la disfrutáis en el silencio, sin prisas;
- Si tenéis *La oración de la Iglesia* (Selección de Laudes y Vísperas, BAC), podéis recitar juntos unos salmos en unión con las generaciones de hombres que a lo largo de los siglos lo hicieron;
- Tomáis el Evangelio, un pasaje al azar, o en lectura continua, o una página de un libro que os gusta y os ayuda; la leéis, reflexionáis un rato en silencio, hacéis un pequeño comentario, una oración personal cada uno, un padrenuestro juntos, y a dormir;
- Y si os gusta, el rosario u otra oración.

Responsabilizaros cada día uno en iniciarla, en prepararla: «los días pares yo, los impares tú». O como queráis. Pero que no os pase lo de «el uno por el otro y la casa sin barrer».

5 Orad «en nombre de»

¡Cuántas veces los padres rezáis por vuestros hijos! Yo os pediría que rezarais «en nombre de» vuestros hijos. En cuántos momentos de su vida ellos no sabrán, no podrán, no querrán hacerlo. En su nombre alabad a Dios, dadle gracias, ofreceos. Tengo mucha fe en esta oración de los padres en nombre de sus hijos porque cuando son pequeños no lo saben hacer y cuando están en crisis tampoco lo saben hacer.

Y, claro está, rezad también por ellos.

Aceptad el orar «en nombre de» y «por» vuestras familias, vuestros vecinos, vuestras comunidades, vuestro mundo. Seamos intercesores.

CUESTIONARIO

1 Para la reunión de equipo

1 Preparad cada pareja un comentario a la totalidad de este capítulo.

2 Muchas parejas hacen referencia a «un cierto pudor», al intentar justificar su dificultad en la oración conyugal: ¿podrías entre todos profundizar en las causas de ese «pudor»? ¿Qué otras explicaciones podríais dar a esa dificultad?

3 San Ignacio dice que es condición indispensable para orar *El querer solamente agradarle a Él*. Os propongo a partir de esa afirmación una reflexión sobre el paralelismo entre la oración y el amor conyugal. ¿Podríais sacar de esa reflexión algunas conclusiones?

4 Todos nosotros necesitamos «curar» nuestro amor. La oración conyugal se propone como un camino de curación del amor conyugal. ¿Tenéis alguna experiencia como parejas en este sentido? Aunque no la tuvierais, ¿entendéis el porqué? ¿Podríais precisar algunos aspectos concretos en que el amor pueda ser curado en la oración?

5 ¿Podéis transmitir cada pareja alguna experiencia que hayáis realizado de oración conyugal?

6 Os invito a terminar esta reflexión haciendo en el grupo una oración personal cada uno.

2 Para el diálogo conyugal

1 Podríais compartir cada uno aquello que le llamó más la atención en el tema, lo que le resultó más sugerente o le supuso una novedad.

2 Repasad cada uno vuestra experiencia personal de oración: momentos más intensos, aprendizaje...

3 ¿Hacéis oración juntos?

— *¿Sí? ¿Qué valor le dais? ¿Qué os aporta?*

— *¿No? ¿Qué dificultades encontráis?*

4 La oración en familia. ¿Iniciáis a vuestros hijos en la oración personal? ¿Oráis con ellos? ¿Oráis en su nombre y por ellos?

5 Tomaos de las manos y haced una breve oración juntos.

6 ¿Os proponéis algo en este punto?

11
La educación de los hijos

Parejas en las que todo iba bien y un día empiezan con esas frases: «mira lo que ha hecho *tu* hijo», «a ver si le dices a *tu* hijo», como si el hijo fuera de uno solo y la educación la diera uno solo.

Cada hijo es: de los dos, es él mismo y en su educación habéis intervenido los dos y el resto de la familia, y el ambiente, la televisión, la escuela... La vida de los hijos es suya, tenéis que educarlos para que un día se vayan. En la historia de la vida de cada hijo hay también la presencia de un Dios de amor que vela por ellos, que cubre los campos a los que vosotros no llegáis.

Hoy los padres sufrís mucho por los hijos. Con frecuencia os sentís culpables.

Lo inmediato, lo que pasó o dijo hoy, os angustia. El amor que les tenéis os impide ver las cosas con la perspectiva de una historia. Quisierais que en cada momento respondieran a lo que les quisisteis inculcar. Hay que tener con ellos la paciencia que nuestro Dios tiene con nosotros. Hay que esperar. Dice San Pablo que «la paciencia de Dios es nuestra salvación». ¡Qué verdad es! Pues del mismo modo, la paciencia de los padres es la salvación de sus hijos, la paciencia del esposo lo es de su mujer y viceversa.

Pero lo que no puede ser es que a causa de ellos os distanciéis vosotros.

Cuando más unidos necesitabais estar. A la hora de soportar un dolor como no hay otro, y que sólo al compartirlo es asumible. A la hora de adoptar actitudes evengélicas exigentes y auténticas: la de estar cerca a la espera, la de mantener las puertas abiertas a la espera, la de sentirse despreciado y permanecer a la espera, devolviendo amor por desamor, ternura por indiferencia, solicitud y desprendimiento por desprecio.

Es cuando más cerca tenéis que estar uno del otro, apoyados uno en el otro, convencidos de que la seguridad y firmeza de vuestro mutuo amor será siempre la llamada más fuerte que sentirán ellos, la que quedará cuando otras llamadas vayan disolviéndose por sí mismas.

Saber estar cerca, acompañar, llamar, esperar... los dos juntos. Contra ese absurdo e impensable despropósito de quienes empiezan uno a otro a culparse del cambio o de la actitud de un hijo.

Hecha esta reflexión que, aunque pueda parecer un poco trágica, responde a unas situaciones demasiado frecuentes, quisiera presentaros algunas propuestas de educación que inciden en el hecho de vuestra conyugalidad.

1 Acuerdo de base en la educación

Inexcusablemente, los padres debéis tener unos principios comunes para educar a vuestros hijos. Que nadie puede imponeros, que decidís desde vuestra libertad, en los que debe existir un acuerdo de base.

Acuerdos que hacen referencia a los fines que os proponéis al educarlos y a los valores prioritarios que queréis transmitirles. Es vuestro derecho y vuestro deber. Fines y valores determinarán vuestras actitudes pedagógicas, vuestra «metodología».

Los fines hacen referencia al tipo de hombre que, desde vuestra cultura, pretendéis desarrollar hasta que él se haga cargo de su vida. La simple enumeración de algunos puede daros diversas pistas:

- Que pueda «irse» a una edad (dieciocho años), que se valga por sí mismo, y no sea un inútil a quien todo se le ha hecho.

- Que sea capaz de asumir la realidad, la suya propia y la de los otros y no vivir siempre en la ensoñación.
- Que sea capaz de hacer su ofrenda, vivir desde el amor, y no desde su egoísmo.
- Que sea capaz de integrarse en la comunidad de los hombres y de entregarse a la tarea común de construir este mundo, desde una actitud solidaria.
- Que sea capaz de asumir la presencia de Dios, la trascendencia de la vida, el seguimiento de Jesucristo.

En definitiva, los fines que podamos proponernos, estos u otros, se sintetizarán siempre en dos:

- La gloria de Dios.
- El bien suyo, lo que nosotros consideremos su verdadero bien.

Los valores hacen referencia a los objetivos que a corto y largo plazo nos proponemos, y que deben estar en relación con los fines; es decir, deben hacer posible que esos fines se cumplan, mejor o peor.

Su enumeración sería prolija. Son los grandes valores del Evangelio, de todas las antropologías, de la sabiduría de la humanidad. Recoger dos o tres, centrarnos en ellos, hará que todos vayan despertándose.

Son: la bondad para con todos, la verdad, la justicia, la paz, la responsabilidad, la solidaridad, el respeto, la participación, la sencillez... y un largo etcétera.

Debéis, pues, estar de acuerdo marido y mujer en los fines que buscáis al educar a vuestros hijos, y en los valores prioritarios. Para tenerlos hay que hablar mucho a nivel conyugal, para tenerlos claros en vosotros y para que lo sean en vuestros hijos. La educación no la hace cada uno por su lado: ambos, marido y mujer, sois protagonistas y, poco a poco, vuestros propios hijos. En lo que os pongáis de acuerdo seréis firmes y coherentes, leales y constantes.

No es este lugar para hablar específicamente de la educación de los hijos, sino más bien de cómo incide la educación en vuestra conyugalidad. Por eso, al referirme ahora a las necesidades prioritarias de los niños en su crecimiento, no me refiero tanto a sus necesidades personales que todos sabemos que son como «hambres» psicológicas con las que nacen, y que son: la necesidad de amar y ser amado, de sentirse valioso y de dar sentido a su vida; me refiero más bien a la llamada que esas necesidades hacen a la espiritualidad conyugal.

Y así señalaría:

1.1 *Saber que sus padres se aman:* Y no basta con que os queráis. Tienen que saber que os queréis.

Hay parejas que sin duda se quieren, pero tienen la mala sombra de que ante sus hijos sólo discuten, y nunca hacen nada que pueda dar a entender a los niños que se quieren. Los niños no pueden suponer el amor de sus padres. Lo tienen que comprobar y saborear. Mirad: procurad no levantaros nunca la voz el uno al otro ante ellos, no discutáis ante ellos, no os hiráis ante ellos. Eso duele más que ninguna cosa en el corazón de un niño. Si os empeñáis en discutir —es lo más inútil de esta vida— encerraos en vuestra habitación. Si os empeñáis en heriros y en llevaros la contraria y en gritaros —puede ser que los nervios os puedan— encerraos en vuestra habitación y que no os oigan.

De un modo especial llamaría la atención sobre el tiempo de las comidas, en especial de aquellas que podéis hacer juntos. La comida no es sólo alimentarse para subsistir. Es más que nada lugar y ocasión de encuentro, de compartir, de escucha. Considerad el comedor y el tiempo de comer como algo muy importante, dadle un cierto aire sagrado. Desde el gesto de bendecir la mesa y de dar luego gracias, no permitáis que se convierta en lugar de peleas y de luchas, de discusiones ni de agravios. Dad vosotros mismos el ejemplo. Si le dais el alimento, daos también vosotros por vuestra bondad y atenciones. Que sea tiempo de compartir, de servirse unos a otros, de ayudarse entre todos y de solidaridad, por la renuncia, con los que no tienen.

Y de vez en cuando decid algo bonito, sed cariñosos, de forma que ellos lo puedan constatar. El saber que sus padres se aman es el principio más radical del «estar bien» de los niños, de su seguridad personal. Porque en definitiva uno no descubre el sentido real de su existencia, aunque no se sea consciente de ello, más que cuando comprende que ha sido llamado a participar de una comunión.

1.2 *La coherencia:* Entre lo que se dice y lo que se hace, del padre y de la madre a la hora de exigir a sus hijos las mismas cosas, de entristecerse por las mismas cosas, de alegrarse por las mismas cosas. Es otro principio esencial para el «estar bien» de los niños, para su seguridad personal profunda. Sabe a qué atenerse, sabe lo que tiene que hacer y lo que no debe hacer. En el fondo es el principio de su futura libertad.

Pero si el niño ve que los padres dicen unas cosas y hacen otras, que el padre dice una cosa y la madre otra, que lo mandáis de uno al otro: «lo que ella te diga», «lo que él te diga»...; si ve que os desautorizáis, poco a poco va creciendo en él la inseguridad, la inestabilidad, el «estar mal». Si ven que un día unas cosas os parecen bien y al siguiente os parecen mal...

Y para esto no hace falta ser perfecto. El niño asume fácilmente el fallo ocasional, porque uno tiene un mal día o por lo que sea, cuando constata una coherencia habitual.

Pero lo que sí hace falta es haber hablado mucho, estar muy de acuerdo en las actitudes de base. Lo que sí hace falta es hablar de cada niño, saberos situar ante cada uno en un acuerdo de base.

Y si alguna vez surge lo imprevisto y has tenido que reaccionar o decidir y el otro resulta que no está de acuerdo, respetad esa decisión. Habladla luego y si veis juntos que fue un error por precipitación, excusaos y explicadle.

1.3 *Estad cerca, acompañadlos:* Estad cerca sin ser cargantes, acompañadlos en su crecimiento, creced con ellos. Sin duda a los niños hay que dedicarles tiempo. Pero los dos.

¿Por qué no crear la costumbre de hablar los dos con cada hijo cada tres o cuatro meses al menos? Habituándolos desde pequeños no es difícil.

Ver que le dedicáis un tiempo a él sólo, que os interesáis y os preocupáis y le proponéis y le corregís en un clima distinto de la batalla de cada día, es muy importante para un niño.

¿Por qué no tener reuniones familiares al menos una vez al mes? En una ocasión para orar juntos, en otra para poner en común la situación personal, en otra los proyectos y las ilusiones...

Cosas así hacen que una casa deje de ser sólo un domicilio y llegue a ser un hogar, realmente una comunidad. Y no me digáis que teorizo. Lo que digo es porque lo he visto. Si otros lo hacen, también vosotros.

Los acuerdos profundos son imprescindibles. Requieren renuncias de cada uno, encontrar juntos caminos nuevos. Vale la pena.

2 Alegría y esperanza

Repito con frecuencia que el hecho de que un educador sepa mucho o poco, esté más o menos especializado, sea más o menos autoritario..., en el fondo y con tal de que no cree situaciones extremas, no importa demasiado. Pero que un educador sea un ser alegre, tenga ilusión, transmita esperanza, contagie fe, eso es imprescindible.

A veces proyectamos demasiadas cargas sobre los niños. Un niño no puede soportar un escepticismo sistemático. Como una planta necesita una tierra, agua y sol, el niño necesita creer en la vida, creer en los demás y ver que los demás creen en él. Un niño necesita alegría en torno suyo, al menos habitualmente.

Frases del estilo de «¡qué asco de vida!», «¡qué cruz!», «¡qué a gusto me iría de esta casa!»... las repetimos con demasiada frecuencia, sin pensarlo muchas veces. Y hacen daño al niño. En los momentos tranquilos y sobre todo con nuestras vidas, digámosle que es bueno vivir, que es un regalo de amor del buen Dios, el mejor don. Y lo podemos decir porque es verdad, a pesar de la cruz y del sufrimiento, o del cansancio de cada día.

Y esto no lo podemos dejar pendiente del carácter o del temperamento. Seáis como seáis, todos somos capaces de hacer agradable y risueña la vida a los demás, si queremos. Pero si nos empeñamos en ser agoreros de calamidades, presencias tristes, caras largas, agresividades latentes y dispuestos a saltar al menor estímulo, la culpa será nuestra. Y repito que el niño asume sin dificultad lo ocasional, con tal de que lo habitual sea lo otro.

¿Por qué estar siempre nerviosos, cansados, irascibles? Sí, la vida es difícil. Pero muchas cosas podrían recortarse, muchas ambiciones limarse y buscar un poco de paz y de sosiego que hicieran posibles otros tonos.

«Cuando el gozo de vivir lo sacamos —como se saca el agua de un pozo— del Evangelio, tiende por sí mismo a desembocar en una fuente de alegría aún mucho mayor: ¡el gozo de hacer vivir! El amor es el único clima en que puede nacer y desarrollarse la calidad de alegría de que nos habla Jesús en el extraordinario texto de Jn 15, 7-17: "para que mi alegría esté en vosotros, para que llegue a plenitud... ¡amad!".

Esta relación entre el amor y la alegría es una de las cumbres de la Revelación. Cuando amamos —y esto quiere decir que nos preocupa más la felicidad del otro que la nuestra— hemos abierto una frontera, estamos en el jardín de la alegría de Dios.» André Seve: *Le goût de la vie* (Ed. Le Centurion).

3 El despertar religioso vivido en la familia

Este tercer punto es la transcripción de un artículo que escribí por solicitud de una revista. Lamento no recordar en este momento sus referencias bibliográficas. Lo propongo como fuente de inspiración para una fecunda meditación en pareja:

Señor mío, único Dios nuestro.
Desde mi infancia oí,
en el seno de mi familia,
cómo Tú, Señor, nos escogiste entre las naciones,
para ser tu heredad perpetua.

(Ester, 14.5)

3.1. *Un nuevo despertar de la fe de los padres*

En el momento mismo en que los jóvenes esposos tienen la seguridad de esperar un niño, se convierten en otra cosa. Hasta ese momento eran dos seres que vivían a dos. Eran una pareja. Ahora son una familia.

Que se trate del primero o de los siguientes, el hecho mismo del embarazo y luego del nacimiento revisten una importancia particular al dar una dimensión nueva a la fe de los padres, al despertarla a horizontes no sentidos hasta el momento.

La experiencia del embarazo, esa nueva relación madre-hijo, ese momento único del parto en que un nuevo ser irrumpe en el mundo, el sentirse creadores con Dios, necesariamente modifica la vida de relación de la pareja con Dios, con la Trinidad.

Esta intensa experiencia de creación conlleva sentimientos diversos: el orgullo y la alegría por el nuevo ser, y la angustia de haber hecho entrar a su niño en el misterio de la vida y de la muerte. Emoción ante la dependencia del hijo. Asombro ante el descubrimiento de una dependencia aún mayor: la de los padres ante su hijo. Nunca podrán ya desinteresarse, prescindir de él.

Y en ese momento, a la vez que descubren la ternura de Jesucristo al acoger a los niños, empiezan a comprender lo que significa un Dios-Padre: no es el Dios que manda, que dirige, que juzga, sino quien se ha hecho imperiosa y definitivamente dependiente de nosotros, los hombres, porque nos ha creado por amor y no puede desentenderse de nosotros.

Y cuando el niño vaya tomando conciencia por sí mismo, por el ejemplo de la armonía del hogar, y viva experiencias de solidaridad con sus hermanos e incluso con sus padres, y también experiencias de agresividad o rivalidad con sus hermanos-as, todo eso debe ser vivido por sus padres en la fe, debe provocar un nuevo despertar de su fe y una cada día nueva comprensión de Dios.

Tomarán conciencia de la paciencia de Dios hacia nosotros, de su no cansarse al darnos cada día una nueva oportunidad, de seguir creyendo en nosotros a pesar de todo; de la maravilla que es la familia de los hijos de Dios, con sus luces y con sus sombras, pues su fundamento es el amor, es el mismo Dios.

La vida no es algo que se da de una vez por todas. Diría que lo que nos hace ser padres no es tanto el hecho biológico de la concepción, cuanto la generosidad (el amor que al darse da vida) con que acompañamos y ayudamos a crecer esa vida. Es bonito ver la paternidad como un proyecto de futuro, no como algo que ya es. En Isaías leemos en labios de Dios: «Algún día yo seré un Padre para ti, y tú serás mi hijo».

Este profundizar en su personal vida de fe permite a los padres «impregnar» a su hijo desde el comienzo de su vida de esa fe, y así favorecer su despertar espiritual.

Más tarde, un día el hijo empezará a tomar conciencia de sí mismo, progresivamente iniciará un proceso de separación, deberá irse. Habrá dificultades y problemas. Dice la Escritura: «El hombre abandonará a su padre y a su madre...».

¡Qué pronto empieza! ¡Qué necesario es estar preparado, quererlo y propiciarlo! El hijo tiene en su corazón una llamada, humana y divina a la vez, para ser él mismo, para escapar a un afecto a veces dominante en su buena voluntad. Tiene una vocación que debe seguir. Un día los abandonará del todo para vivir su vida de hombre. Pero desde el principio es preciso que se le vaya dejando, poco a poco, para poder conquistar esa autonomía que le hará ser adulto. Los padres irán lentamente desprendiéndose a su vez del hijo, soltando bridas, dando confianza, ayudándole incluso a desprenderse; en definitiva, a realizarse.

Aprenderán así esa lección, de las más duras en el libro de la vida:

que los hijos ni son suyos ni son para ellos. Que la vida, que a través de su amor se les transmitió, viene de Dios, y en Él sólo tiene su fin.

La vida del hijo, desde el nacimiento, interroga la fe de los padres. Nunca meditaremos lo suficiente la trascendencia de este vivir su fe los adultos al vivir con él, al acompañarle en su caminar.

De hecho Dios no es alguien a quien un buen día decidimos presentar al hijo. Ellos han vivido con Dios desde su nacimiento por el ambiente familiar. A un niño no se le presentan, en una ceremonia, a su padre y a su madre: vive con ellos y descubre espontáneamente que son su padre y su madre. Con Dios pasa igual. Aunque Dios no es visible como un padre o una madre, hay un punto en común en su descubrimiento: en un caso y en otro se trata de *vivir con.*

3.2. *El despertar del niño*

Poco a poco se va descubriendo lo que para el niño representa su vida antes del nacimiento y su nacimiento mismo. Es algo sorprendente. Pero no menos insólito es todo aquello que va a llevarle, desde los cero hasta los tres años, hasta el descubrimiento de sí mismo, del mundo y de los que le rodean. Gracias al amor de los padres, secundados probablemente por otros adultos que saben responder a las mismas necesidades de cuidados, de ternura y de atenciones, tendrá lugar un segundo nacimiento: el nacimiento de una persona. Luego, desde los tres hasta los siete años, será la etapa de construcción de esa persona. Es una edad preciosa. Los niños todo lo hacen con pasión: jugar, aprender, llorar, reír, decir que no, comer... Y los que se les acercan quedan fascinados, renovados por esta sed de vivir y de conocer.

En el interior de este poderoso movimiento de humanización se sitúa otra poderosa eclosión del espíritu. En la medida en que se hace más humano, por la calidad de sus actos, de sus relaciones, de toda su vida, el hombre se va haciendo más «divino». No son movimientos paralelos, ni dinámicas superpuestas. Es un mismo impulso. Todo progreso hacia una conciencia más personal, hacia una interioridad más rica, una autoestima más alta, una creatividad más diversa, una vida más abierta, un amor más vivo, más dinámico, sirve al proyecto de Dios sobre el niño. Cada niño descubrirá día a día la experiencia de esta misteriosa presencia de Dios en él, a lo largo de su historia y de su progreso. Esta experiencia personal del Dios con el que se ha vivido estará en la base de su fe.

En este despertar del niño a la vida, llamaría la atención:

a) Sobre la gran capacidad de relación del niño, hacia los adultos y hacia otros niños, desde muy pequeño. Hay que favorecer, en consonancia con la naturaleza, todo lo que signifique abrir el corazón del niño «al otro». Ayudarle a superar la permanente tentación de centrarse en sí mismo, de mirarse a sí mismo.

Despertar en él:

- Las capacidades de escucha, acogida, donación y gratitud.

- La sensibilidad ante la presencia del otro, ante sus silencios, ante sus penas y alegrías.

- Lentamente, la comprensión de esa realidad grabada en la misma naturaleza corporal del hombre, de que somos «seres para», que sólo al integrarnos en la comunidad de los hermanos conseguimos plenitud, pues desde el nacimiento necesitamos al otro, y en todo momento vivimos en interdependencia.

Dios es también ese *otro* que se presenta ante la libertad y la necesidad del hombre. «Abrir el corazón al otro», como actitud profunda del ser humano, es la misma referida a Dios o referida a los hermanos. No podemos decir que queremos a Dios, si no queremos a los que nos rodean, que queremos agradar a Dios, si no queremos agradar a los hermanos.

El despertar espiritual es esencialmente un entrar en relación con Dios.

b) Sobre la sensibilidad del niño para entender el lenguaje del espíritu. Lo que más va a favorecer el despertar espiritual del niño es la «impregnación» que le viene de su entorno. No se trata de dar consejos sobre lo que hay que hacer. Es una cuestión de vida concreta y cotidiana de los padres. Para llevar a un niño a una vida espiritual, no se trata tanto de enseñarle a decir una oración, a santiguarse para los deciocho meses, o a ponerse de rodillas a los dos años. Eso está bien, pero lo que importa es que su familia viva su fe y así, como sin querer, hagan vivir al niño en un ambiente espiritual, en el sentido más fuerte de la palabra ambiente.

Un ejemplo:

> «Mi hijo de cuatro años y medio me dijo la otra noche: —Mamá, no podemos hacer la oración; —¿Por qué? —No es posible, no estamos todos. —Veamos, está el papá, estoy yo, estás tú y tu hermanita (tres años y medio). —Sí, pero no está el pequeñín. —Pero hombre, está dormido; él no comprendería la oración. —Eso no importa, para hacer la oración hace falta que estemos todos, aunque esté dormido; vamos a buscarlo».

Un hermano mayor capaz de razonar así tiene ciertamente una influencia espiritual sobre su hermanito.

Pero volvamos al comienzo. Hay un lenguaje espiritual que ha sido entendido: «para hacer oración en familia hace falta que estemos todos». Más tarde, cuando crezcan, tal vez no será posible. Pero aquí hay una percepción espiritual interesante.

Un niño entiende lo que significa: «entra en tu interior», «el Señor ha puesto en ti su morada», «cállate y escúchalo», «deja que sus palabras resuenen en tu corazón y despierten en ti su sabiduría». Un niño es capaz de escuchar en el silencio las palabras de los salmos, de los evangelios.

Un niño entiende la alabanza. Por favor, dejad que en vuestro hogar entre la alabanza, que esté en vuestros labios, antes que nada en vuestra relación y en vuestras vidas, y también en esos cánticos y salmos que deben resonar en vuestra oración.

Un niño entiende la ofrenda, que vive a diario en su casa y que ha aprendido llevar a la oración.

Un niño entiende lo que significa decir «gracias», «por favor», «perdón», y tantas otras cosas. Y las entiende porque las vive a diario, y están en labios de todos, y porque las lleva a la oración.

c) Sobre la importancia del acto de fe: tener fe en alguien es poderle decir «yo creo en ti». Es tanto como decirle «yo te amo», «yo confío en ti». Fe, esperanza y amor son una misma actitud del ser humano, vivida desde diferentes dimensiones; son una misma disposición del corazón del hombre al abrirse al otro desde el amor. Se entiende que con la fe ocurre lo mismo en las relaciones de amor interhumanas, que en la relación con Dios.

Decir «yo creo en ti» va más allá del decir «yo creo las cosas que tú dices». Indica una adhesión a la persona por ella misma. Si un padre descubre que su hijo le ha mentido, en lo que diga, deberá darle a entender más o menos: «no me has dicho la verdad, has tenido un fallo porque necesitabas defenderte, pero sé que no es lo habitual en ti. Eso nos pasa a todos. Pero por encima de tus fallos y errores está mi amor por ti, y por eso yo creo en ti». La adhesión a la persona supone la adhesión a lo que dice, pero no impide el juicio crítico. La adhesión a la persona va más allá, es otra cosa.

Esto hay que tenerlo muy claro. Con demasiada frecuencia por un fallo, a veces mínimo, descalificamos globalmente a la persona. Eso ni puede ni debe ser.

Un niño asume fácilmente la fe en el otro cuando crece en la experiencia de la credibilidad de sus mayores sobre él. No es tan difícil creer cuando desde niño uno siente que los otros creen en él y se lo dicen. Pero es inútil pedir fe a quien casi nunca vivió esa experiencia, quien no sintió credibilidad sobre su persona.

Creer en él como persona. Aceptarlo tal como es, con sus limitaciones y cualidades, apreciarlo valorándolo. Ser capaces de decírselo con palabras, de dárselo a entender con pequeños y grandes gestos: «Yo creo en ti». Sin perder de vista que es un ser en proceso, que inevitablemente el error y la irregularidad connotarán sus quehaceres.

Creer en el niño es darle vida. Cuanto más le decimos que creemos en él, más motivos nos dará para poder seguir diciéndoselo: pondrá en juego sus capacidades reales, se abrirá a los demás, se comunicará fácilmente, tendrá ilusión y esperanza, no le costará tener amigos, compartirá con gusto. Crecerá en la fe. Seamos capaces de crear en el hogar un clima de credibilidad en el encuentro.

3.3 *«Tú eres mi Dios»*

El niño, «impregnado» por la fe de sus padres, vive espontáneamente su relación con Dios. Lo que ya no descubre tan espontáneamente es la relación entre lo que él vive y lo que Dios quiere para él. Que algún día llegue a decir en verdad «Tú eres mi Dios», es un largo proyecto, es un proceso de discernimiento que irá aprendiendo desde su libertad, y que le acompañará hasta el final de su vida.

En general aquí radica hoy el conflicto entre algunos padres y sus hijos, aunque no lleguen a precisarse los términos con exactitud: estamos preocupados de las prácticas religiosas de los hijos, cuando *en verdad* no podemos decir a Dios «Tú eres mi Dios», pues en verdad nuestro Dios es el poder, la búsqueda de seguridades, nuestro propio yo, el dinero...

Esto es importante: de niño, la imagen que se tiene de Dios es la de sus padres; la experiencia de la ternura de Dios y de su amor personal por él ocurre a través de ese amor formidable de los padres por el hijo; en los padres el niño busca salvación en el peligro, y seguridad, reconciliación y fuerza.

Lentamente, y según la evolución de los niños, los padres van sacando a Dios del anonimato, van dejándole ocupar su lugar y haciendo así posible el encuentro del niño con Jesucristo. ¡Qué bueno sería que en ese momento el niño descubriera que en verdad, Dios es el Dios de sus padres!

Decir: «Tú eres mi Dios», significa que, lejos de querer encontrar en mí mismo, o en el tener, la razón de ser de mi vida y de mis actos, sé que en el amor de Dios está mi origen, mi razón de ser, mi fin. Significa aceptarlo en nuestra vida. Vivir la vida «desde Dios» y no «desde mis criterios» significa que, asumiendo mi condición de pecador —dato cierto en toda vida humana—, quiero hacer mías las bienaventuranzas, las actitudes y criterios que Dios me indicó para que sea feliz.

Pero el ser de Dios no concluye en lo que Él es para mí, en el darme razón de ser. Debemos reconocerlo por Él mismo. Debemos aceptar que hay una verdad que nos precede: «Yo os elegí a vosotros...», hay una luz que nos precede, que viene a nosotros, de la que no tenemos experiencia. Y aquí los padres tienen un papel precioso, en ese ir sacando a Dios del anonimato, en ese «dejarle pasar», retirándose con humildad. Sólo Dios sabe lo que Él ha reservado para cada criatura, nadie lo puede ni predecir ni encasillar. Hay una luz que precede a nuestro hijo y que le acompañará, pase lo que pase, hasta el fin de sus días.

La fe parte siempre de una experiencia vivida del otro y se sostiene por la experiencia vivida de haber tenido fe en Él. «Sé quién eres tú, te he experimentado, te he "vivido", por eso creo en ti.» Son dos cosas: la experiencia de Dios y la experiencia de lo que ha significado en mi vida tener fe en Dios. Una doble experiencia que hace indiscutible para el creyente la fe en Dios. «Yo sé...», «tengo seguridad aunque no lo vea».

Y así, por una parte, la experiencia de Dios está al alcance de todos. El ser de Dios es darse. La fe es «un don de Dios», o sea que Dios se da, y se da a toda criatura. El don de Dios no es algo distinto a Él, sino que es Él mismo quien se da. Por parte de Dios, irrenunciablemente e irresistiblemente, el acto de fe está asegurado: Él se da sin condiciones a toda criatura y espera el momento. Por parte del hombre será preciso que llegue a abrirse a Él, que le dé la oportunidad. Cuando el hombre se abre, la experiencia está asegurada; a partir de ahí la fe queda cimentada y empieza a crecer. La fe siempre tiene su origen en la experiencia vivida del otro.

Los padres al ayudar al niño a abrirse a Dios, al presentarles el rostro de Dios antes que nada por su propia vida y también por su palabra, son los que «gestan» la fe. Como la vida, la fe viene de Dios a través de nosotros, al preparar el encuentro, al hacer posible la experiencia del amor de Dios.

Por otra parte, la fe en Dios se sostiene por la experiencia que acumulamos al irla viviendo. Yo sé lo que ha significado para mí el tener fe en Dios. Y así cuando en un hogar se viven «desde Dios» las alegrías y las penas, y «desde Él» se toman las decisiones, se interpretan los acontecimientos, y cuando a la luz de sus palabras vamos entendiendo nuestra vida cotidiana, entonces la luz, la alegría y la esperanza, la fuerza, son las consecuencias de nuestra fe en Dios, y van robusteciéndola y sosteniéndola.

Así, la fe, porque parte de una doble experiencia de vida es inquebrantable. Somos fuertes en la fe. Esta calidad la expresa la palabra fidelidad (*fides* = fe). «No me caben dudas respecto de ti, te conozco.» La medida de nuestra fe en Dios queda marcada por este carácter; si has vivido la experiencia del amor de Dios, de su perdón, si en verdad Él es tu Dios a pesar de tus fallos, si cultivas por la oración su amistad, si procuras ir adecuando tu vida a lo que Él te pidió para que fueras feliz... tu adhesión a Dios va siendo inquebrantable. Nada puede hacerte dudar de Él. Y aunque en tu interior alguna vez se despertara esa duda cruel... «y si luego resulta que nada de todo eso es verdad, y si luego no hay nada», una certeza muy grande lo acallará: «yo sé de quién me fío». En tu interior irá tomando consistencia una ofrenda cada vez más pura: «hágase en mí según tu palabra».

3.4 *Actitudes en los padres*

Me referiré tan sólo a dos principales, para conservar la unidad del capítulo.

a) *Unidad entre fe y vida*

Esta sería la primera actitud de los padres para ayudar al niño a encontrar al Señor y acogerlo.

Dice el apóstol Santiago:

> «¿De qué sirve, hermanos míos, que alguien diga "tengo fe" si no tiene obras?... Si la fe no tiene obras, está realmente muerta... Ya veis cómo el

hombre es justificado por las obras y no por la fe solamente... Como el cuerpo sin espíritu está muerto, así también la fe sin obras está muerta».

(Sant 2,14-26)

Santiago denuncia una adhesión a Cristo que sea tan sólo verbal, teórica, intelectual. Pero no nos engañemos porque tampoco pretende justificar a quienes practican una estricta observancia, como si Dios se complaciera con contabilidades mezquinas. No olvidemos que Dios «sondea los corazones» (Sal 139).

De este texto debemos retener una llamada a la unidad entre la fe y la vida. Todos sin duda nos sentimos atraídos por esta unidad, en nuestro deseo de vivir en verdad. Éste es un dato esencial si queremos anunciar a Jesucristo en el interior del hogar. «Son la fe y el amor vividos en la transparencia (al menos una cierta transparencia) los que suscitan la fe y el amor. Pues los hacen creíbles y asequibles. Debemos evangelizar nuestra poca fe, reducir las distancias entre, por una parte, las ideas y las palabras con que expresamos la fe y el amor, y por otra, el curso real de nuestra vida: esto es lo primero en importancia.» (Jean Sullivan)

No perdamos de vista, por otra parte, que antes de dar al niño una catequesis sobre la fe, hay otro factor que va a contribuir a despertarla, antes incluso que esa catequesis. Ya nos hemos referido a ello, pero conviene volver aquí. Es lo que al niño se le hacer vivir, lo que él va a experimentar en el interior del hogar ante todo y luego en esos otros lugares de vida que serán los suyos.

El niño que ha vivido la experiencia del amor personal, de la reconciliación, de la solidaridad, de la libertad, de la justicia, de la armonía y un largo etcétera, el día que escuche su primera catequesis dirá en su interior: «Yo eso ya lo sé, lo he vivido». Lo dirá más o menos conscientemente, o no lo dirá porque le parecerá natural. Y también, desgraciadamente, será verdad lo contrario.

Creo que podemos decir que el encuentro con Dios ocurre a partir de lo que el niño ha vivido, a partir de lo que ha tenido un sentido para él, a partir, en definitiva, de lo que ha sentido en sí mismo.

Puede iluminarnos este testimonio de un sacerdote que vive con jóvenes delincuentes:

«No se trata de integrarlos (a los jóvenes). Son ellos los que escogen lo que quieren, si quieren, cuando quieren. Lo esencial es ayudarles a vivir de pie y libres. Viviendo con ellos. Sin atragantarles con Dios. Es lo peor que se le puede hacer a quien tiene hambre y sed. Un hombre que nunca en su vida ha sido amado, no puede concebir que Dios pueda amarlo. Sin embargo son sensibles al testimonio vivido de fidelidad. Buscan en su entorno personas que se amen, que no tengan miedo a jugárselo todo por la palabra dada. Uno de ellos me dijo una tarde: "Tienes suerte de haber podido comprometer tu vida al servicio de alguien". Ese alguien cuyo nombre no podía dar, pero que presentía a través del sentido de una vida».

b) *El respeto de su libertad*

Es esencial respetar al niño, respetando su libertad. Respetamos su libertad desde el momento mismo en que empezamos a educar esa libertad, en la búsqueda permanente del desarrollo de esa libertad, que es lo que en definitiva califica la existencia humana.

La libertad no tiene nada que ver con el hacer lo que a uno le viene en gana, porque me da la gana, y como me da la gana, simplemente porque me apetece. A eso se le llama capricho, individualismo, falta de solidaridad, ser un crío, o como queráis.

Diría que la libertad es incluso más que la posibilidad de elegir entre diversas hipótesis, y más incluso que ser capaz de elegir en cada caso la más justa, la más adecuada al bien de los demás y mío.

La libertad es lo que califica al hombre. Es su capacidad de tener un proyecto personal de vida, su capacidad de vivir desde su verdad y no desde su irrealidad, e ir desde ahí transformando su vida. Es su capacidad de dar y comprometer su palabra, de tomar incluso opciones arriesgadas. Es su capacidad de llevar hasta el fin y hasta sus últimas consecuencias sus compromisos. De asumir su realidad tal como le es dada, y desde ella acoger el mundo, los acontecimientos, la palabra, los otros. Es, en definitiva, su capacidad de crear, de inventar su vida.

«En el principio, Dios creó el cielo y la tierra...» Así se abre el maravilloso fresco de la creación que nos ofrece la Biblia. Dios es desconocido, se revela al hombre en un acto creador. Crear está inscrito en el ser mismo de Dios. Hecho a imagen suya, el hombre es también un creador, un inventor. Si renunciara a este carácter (el primero de que nos habla la Biblia), el hombre renunciaría a una parte esencial de sí mismo, a una parte de su vocación de hombre. Por eso todo intento de educación de la libertad debería enfocarse, entre otras cosas, al desarrollo del carácter creador de los niños. Todo acto educativo que no posibilitara a los niños tener los instrumentos que favorecieran esa creatividad, parece condenado al fracaso.

Un niño jamás se interesará por el Evangelio si la libertad no ha empezado a despertarse en él, si no aprendió primero a existir como hombre libre. Sin haber aprendido antes a tener en las manos las riendas de la vida, a ser responsable, es difícil interesarse por el Evangelio.

En un coloquio interrogué a un joven creyente sobre los factores que habían hecho posible el desarrollo de su fe. Sin vacilar y con sus palabras, me respondió que la libertad que le habían dado sus padres. Y es verdad que sólo los seres libres son capaces de dar libertad, como la da Dios, el gran libertador.

Si al hombre se le dio la libertad, ¿no será para que pueda darse el encuentro con Jesucristo? Se le creó para el amor, por eso se le hizo libre. ¡Que el Evangelio encuentre en nosotros esa libertad que ha sido hecha para él!

Sin perder de vista la posibilidad dada al hombre de rehusar el encuentro con Dios, en el ejercicio mismo de esa libertad.

Todo lo que hace crecer la libertad va en la línea de este acontecimiento formidable del encuentro entre el hombre y Dios.

CUESTIONARIO

1 Para la reunión de equipo

1 Recoged cada pareja un par de cosas de este capítulo que más os hayan interpelado. Comentadlas.

2 Muchos padres se quejan de que nadie les preparó para ser padres. Por el contrario, las jóvenes parejas se niegan a relizar un aprendizaje, pues no lo consideran necesario, a lo sumo están dispuestos a discutir sobre educación desde una actitud crítica ante la educación que recibieron.

— *¿Cómo explicar esta paradoja?*

— *¿Consideráis vosotros imprescindibles unos conocimientos mínimos? ¿Hacéis algo por adquirirlos?*

3 De hecho muchas parejas empiezan a distanciarse en el momento en que sus hijos comienzan a generar dificultades: cuando más cerca tendrían que estar uno del otro. ¿Encontráis una explicación a este fenómeno tan frecuente?

4 «Acuerdo de base en la educación», entre los fines y valores señalados en este apartado, señalad cada pareja los que consideráis prioritarios.

5 «Alegría y esperanza». En un mundo de desencantos y catastrofismos un niño no puede crecer. ¿Consideráis con sinceridad que vuestras presencias les despiertan las ganas de vivir? ¿Sois capaces de sacar fuerzas para la esperanza hasta en los peores momentos?

6 «El despertar religioso vivido en la familia»:

— *¿Habéis vivido ese nuevo despertar de la fe por vuestra paternidad?*

— *¿Podéis precisar algunos datos de cómo va despertándose esa fe en vuestros hijos?*

— *«Tú eres mi Dios», ¿podéis decirlo en verdad?*

2 Para el diálogo en pareja

1 ¿Habláis con frecuencia entre vosotros sobre la educación de vuestros hijos aunque no los tengáis todavía? Si los tenéis, ¿lo hacéis con frecuencia? ¿Suficientemente al menos?

2 ¿Cuáles son los principios en que fundamentáis vuestro trabajo de educadores? ¿Los podéis precisar? ¿Os van bien? ¿Creéis que necesitan ajustes?

3 ¿De qué forma influyen vuestros hijos en vuestra conyugalidad?

4 En un clima de sinceridad y de sencillez, entrad un poco en lo que aporta a los hijos vuestra presencia:

— *¿Rechazos, desencantos, escepticismo, amargura...?*

— *¿Alegría, esperanza, ilusión, ganas de vivir, aprecio por la vida?*

Es fácil engañarse en este punto e importante darse cuenta. Influye mucho en los hijos.

5 ¿Sentís cada uno que el otro tiene fe en él? ¿De qué modos os lo expresáis? ¿Qué os podríais pedir uno al otro?

6 Terminad con alguna fiesta este trabajo. Celebradlo, si los tenéis, con vuestros hijos.

12
Un proyecto común

Este último punto tiene valor de síntesis, de recopilación de todos los anteriores.

La conyugalidad, el vivir a dos, indudablemente es una oferta, una posibilidad, una manera de vivir el matrimonio. Creo, y así me lo habéis demostrado, que es la forma que más y mejor ayuda a cada miembro de la pareja llegar a su plenitud. De hecho hace realidad lo del grano de trigo que necesita morir para convertirse en planta y en flor y en fruto. Y en este punto es total el acuerdo con las ciencias del hombre. No es difícil demostrarlo.

Pero es una oferta. Muchas parejas orientan su convivencia desde otras ópticas. De común acuerdo o porque uno de los dos no baja de su individualismo. De hecho hay muchos casados que son perfectos solterones. El matrimonio les resuelve determinadas necesidades, pero no pretenden más. Y están simplemente contentos, o no lo están.

Pero en la vida hay una serie de cosas que hay que aceptar y asumir plenamente, con todas sus consecuencias. De lo contrario se vegeta, se pasan los días y los años sin más pena ni gloria, en la mediocridad. Son cosas en las que hay que comprometerse. Y cuanto más se compromete uno con ellas, más esperanza e ilusión tiene, y al crecer la esperanza, crece el compromiso. Y se vive una plenitud.

La primera de esas cosas es el *ser*, aunque parezca obvio. Hay que aceptar el *ser,* la *vida* que se nos dio, de una vez por todas. Y aunque sea redundar, hay que vivir la vida plenamente con todo lo que me proponga, en mis circunstancias, con sus limitaciones y posibilidades, poniendo en juego todos mis valores. Y no hace falta ser un canon de perfecciones. Todos, cada uno en su medida, podemos echarla a perder y podemos disfrutarla. Es una actitud personal y no vale escudarse con que si «no me educaron bien», «la sociedad es un asco», «la vida es una porquería». No hacemos más que defendernos y ocultar no sé qué pobrezas. En esta vida cada uno cosecha lo que siembra y se encuentra con lo que busca. Todos llevamos alguna cruz, pero tampoco es pretexto. Hay que aceptar *ser.*

Otra cosa en nuestro medio es el hecho de ser cristiano. Así como ante el *ser* no somos libres, es lo más radical; el ser cristiano es optativo, es una de tantas maneras de ser, pero que marca nuestro ser abriéndolo a unas cotas impresionantes de libertad, verdad, felicidad... Pero hay que aceptarlo y vivirlo desde dentro con todo lo que significa.

No es algo postizo, algo que se añade, algo con lo que se cumple, algo en lo que me justifico. O lo vivo desde dentro o no lo entenderé nunca. Debemos comprometernos con el significado de ser cristiano y no conformarnos con unas mediatizaciones puramente sociológicas. Vivir el espíritu de las bienaventuranzas, cultivar en serio la oración y el compromiso. A la larga es imposible seguir engañándose: en la injusticia, en la ostentación y el lujo, en la crítica y el abstencionismo... por más que cumplamos y digamos que rezamos, somos ingenuos al pretender engañarnos y al creer que engañamos a Dios.

El *ser cristiano* puede a su vez vivirse en diversas perspectivas. Una de ellas es la *conyugalidad,* que también es optativa, pero que si se acepta y se compromete uno con ella y la vive desde dentro, es algo que marca desde dentro el *ser* y el *ser cristiano.* Ser *cristiano conyugalmente* es una forma de vivir que abre ante el ser y ante el ser cristiano unos horizontes formidables de realización y de plenitud.

Y aún hay un paso más, al que me referiré aunque sea de paso, una posibilidad de *ser cristiano conyugalmente.* Tal vez, hoy día más que una posibilidad sea una necesidad. Me refiero al ser cristianos conyugal y comunitariamente. Salir de la pareja y encontrar en cualquier posibilidad de comunidad humana una nueva plenitud.

Desde luego doctrinalmente no es posible ser cristiano, ni conyugalmente ni de ninguna otra forma, sin serlo comunitariamente. Pero hay una evolución histórica; y tal vez sea a partir de estos tiempos cuando la sensibilidad por lo comunitario empiece a despuntar. Y tal vez la pobreza de la soledad del hombre moderno nos impulse a redescubrirlo.

Pero no es éste el objeto de la reflexión de hoy. Quisiera volver al «ser cristiano conyugalmente» al que nos estamos refiriendo. Y en concreto a esta aceptación radical de la conyugalidad que rompiendo las barreras de mi yo, de tu yo, nos hace emprender un nuevo proceso en el ser y en el ser cristiano. Un proceso común.

1 Proceso

Se opone a rutina. Aceptada la conyugalidad, tenemos que entenderla como un proceso, como un dinamismo hacia una plenitud. Un proceso común, un crecimiento común, una plenitud común. Cada uno ha muerto a su yo, ha surgido el nosotros y es este nosotros el que crece. Y al crecer el nosotros, un nuevo yo surge en cada uno, un yo «resucitado.

La conyugalidad no se consume el día del matrimonio. Por el contrario, en ese momento nace y debe vivir un proceso. No hay que dejarla morir a manos de la rutina. Todo lo que hemos visto puede ayudar a ese proceso. Este proceso no lo podemos prever. La vida es insospechada. Habrá crisis y tormentas que purificarán el proceso. Ningún ser vivo crece sin crisis. Lo que no podemos es eternizarnos en la crisis. Por el contrario, debemos salir, y fortalecidos.

Un día nuestros hijos crecerán y se irán. Volveremos a encontrarnos los dos solos y nuestro proceso continuará. Habremos vivido todas las etapas de la vida, y a lo largo de ellas un caminar común, de la mano, en la salud y en la enfermedad, en la pobreza y en la riqueza, en la alegría y en el dolor. Habremos vivido a dos.

2 Un proyecto común

Ese proceso lo viviremos a través de un proyecto. Un proyecto que no puede ser ni el mío ni el tuyo. No se puede acceder al matrimonio para vivir en él «la idea que yo tengo del matrimonio y del que tú serás una pieza más...» El proyecto debe ser el de los dos, meditado y elaborado y querido por los dos.

Un proyecto abierto porque, como veíamos antes, la vida no se puede prever.

Abierto a los acontecimientos y a las circunstancias, pues todo cabrá en él. Abierto a los hijos, sobre todo a medida que crezcan, porque ellos también tendrán algo que decir. Y nuestro hogar también lo vivirán ellos y tendrá que poder ser su hogar.

Un proyecto dinámico, un crecimiento permanente, revisado y actualizado al caminar. Un proyecto en el que cabrán todos nuestros dinamismos, los de nuestras vidas que no dejarán de crecer y de hacerse, los dinamismos de nuestros hijos, el dinamismo de la vida y de la sociedad, el de la Iglesia. Un proyecto que no se detendrá, que no envejecerá y que sólo podrá morir con nosotros.

Finalmente, un proyecto creativo de formas nuevas de vivir, de amar, de trabajar. Porque si vivimos abiertos y si permitimos que el dinamismo de nuestra vida se desarrolle, con frecuencia nos encontraremos ante lo insospechado y tendremos que inventar y recrear nuestras vidas y nuestro amor. Y lo insospechado no nos sorprenderá, ni nos refugiaremos en una instalación cómoda y fácil. Nos encontrará despiertos y alertas, capaces.

Pero aún hay más. El más es cuando nuestro proyecto se abre al querer de Dios, y lo que buscamos es hacer que ese querer de Dios sea nuestro proyecto. El querer de Dios no es algo abstracto, difícil de comprender. Está expresado en las Escrituras, se nos presenta suavemente, como incitándonos a lo largo de la vida, en tantas experiencias de Dios como vivimos casi a diario, en el discernimiento paciente que marido y mujer realizan juntos en la oración y en los acontecimientos.

Como María, «guardamos y rumiamos» la historia de nuestras vidas y las de nuestros hijos. En esa historia vamos leyendo el querer de Dios, que nos acompaña y trabaja por nosotros; vamos amando ese querer, el más bello querer.

3 Permanecer en el amor

Esa pobre fidelidad tan despreciada. Reducida a ser la actitud resignada de quien aguanta como sea, lo que sea. Desnuda del dinamismo, de la creatividad y de la belleza. ¡Qué fácil es enamorarse y qué difícil permanecer enamorados!... Acoger el amor, guardarlo y saborearlo, hacerlo crecer, permanecer en él.

Hay que redescubrir la fidelidad en su belleza. La fidelidad en el dinamismo y la creatividad, sin los que no puede existir.

> *A veces nuestro proceso no es como pretendíamos...*
> *Nuestro proyecto no lo podemos realizar...*
> *La «noche» y las sombras envuelven nuestras vidas...*
> *Soñamos en lo que hubiéramos podido ser o hacer, si no...*
> *Creemos que esta «única» vida la echamos a perder...*
> *Estamos cansados el uno del otro...*
> *La posibilidad de nuevos romances y experiencias nos enloquece...*
> *Sentimos que no podemos más, que nos ahogamos...*
> *Una enfermedad, un accidente, parece truncarlo todo...*

Yo quisiera cantar a la fidelidad;
cantar a los que, como nuestro Dios, permanecen en el amor;
cantar a los que no se resignan y no aceptan aguantar;
cantar a los que crecen en el amor hasta no poder ya contenerlo;
cantar a los que no claudican de lo que vieron claro en su juventud,
de aquello por lo que en su juventud dieron sus vidas... porque sólo en la juventud se es noble, justo y generoso, y sólo siendo fiel a lo que se comprendió en la juventud es posible seguir siendo joven y noble y justo y generoso;

cantar a los que no se dejan comer por las crisis, por las dificultades;
cantar a los que no se cansan de amar, de morir cada día a sí mismos;
cantar a los que no quieren recortar su don, ni robar parcelas a su entrega;
cantar a las parejas que saben recrear su amor, readaptar sus proyectos cuando las cosas no salen como pretendían, que saben empezar desde cero cuantas veces haga falta;
cantar a las parejas que en su vejez siguen cogidos de la mano, y cuando los hijos «no son los que esperábamos», y cuando fracasamos, y cuando parece que todo nos vuelve la espalda, y cuando no podemos más, y cuando estamos agotados de no dormir... y siguen cogidos de la mano;
y cantar a Luis que nunca pasea solo, sino llevando el carrito de Ana que quedó paralítica;
y cantar a Jorge por el mimo con que acompaña a Nuria que quedó ciega y a la que nunca deja sola;
y cantar a Raquel que cada día asoma su rostro en la leprosería para dar una razón de vivir a su esposo, en cuya cara permanece el hueco que dejaba, al ponerle los ungüentos, para poderlo besar;
y cantar a Teresa que sepultó su vida junto a Antonio postrado desde hace tiempo por una larga enfermedad;
y quiero seguir cantando a tantísimos como conocí en situaciones semejantes y hacían todo eso sin quejarse, por el amor que les unía, con una sonrisa;
y cantar a Carmen porque aceptó seguir viviendo;
y cantar a los que no se pasan la vida quejándose
y lamentándose;
y cantar a los que no dicen:
«Es que no me gusta»;
«Es que estoy cansado»;
«Es que yo no sirvo»;
y cantar a los que siguen trabajando, y siguen comprometidos, y siguen en la brecha, a pesar de todo;
y cantar a mis amigos, a mis amigas, que a lo largo de los años me lo dieron todo, y me ayudaron a ser;

y cantar a mis padres y a los vuestros, y a mis hermanos
y hermanas;
y cantar a los que siguen viviendo y sonríen, no por estúpidos ni
por muecas, sino porque algo muy grande no deja de crecer
en ellos.

He cantado a la fidelidad y no me olvidé de nadie.
A todos os recordé.
He cantado al siempre fiel,
a nuestro Dios que hace posible que algo tan grande,
tan inusitado e insólito sea verdad en nosotros.

Epílogo

Lo mejor es para ti

Al terminar, insistiros en que la medida de las cosas sea el amor, no lo que cuesten. Porque por el amor todo se hace posible y hasta fácil. Y el amor hace posible la aventura de la conyugalidad. No caigáis en la tentación de acusarme de soñador o teórico. Lo que he visto y he conocido os lo conté. Lo pensé, lo ordené y lo dije. Es la obra de Dios en las parejas. Sus maravillas.

¿Os acordáis de la viuda pobre del evangelio?: «Ha echado todo *lo que tenía para vivir». Tal vez ésa sea la clave. Darlo todo. No reservarnos nada, no querer recuperar nada. Ése es el problema. Darlo todo por amor: nadie tiene mayor amor que quien da su vida, que quien lo da todo. Ésa es la verdadera alegría y la verdadera felicidad: la de quien lo da todo para que el otro, los otros, sean felices.*

¡Ojalá que cada noche al miraros a los ojos os podáis decir: lo mejor que yo tengo, todo lo que soy, es para ti!

Y permitidme terminar con este poema, que aunque un poco «trágico», lo puede simbolizar todo:

«Era un matrimonio pobre. Ella hilaba a la puerta de su choza pensando en su marido. Todo el que pasaba se quedaba prendado de la belleza de su cabello, negro, largo, como hebras brillantes salidas de su rueca. Él iba cada día al mercado a vender algunas frutas. A la sombra de un árbol se sentaba a esperar, sujetando entre los dientes una pipa vacía. No llegaba el dinero para comprar una pizca de tabaco.

Se acercaba el día del aniversario de la boda y ella no cesaba de preguntarse qué podría regalar a su marido. Y, además, ¿con qué dinero?

Una idea cruzó su mente. Sintió un escalofrío al pensarlo, pero al decidirse, todo su cuerpo se estremeció de gozo: vendería su pelo para comprarle tabaco.

Ya imaginaba a su hombre en la plaza, sentado ante sus frutas, dando largas bocanadas a su pipa: aromas de incienso y de jazmín darían al dueño del puestecillo la solemnidad y prestigio de un verdadero comerciante.

Sólo obtuvo por su pelo unas cuantas monedas, pero eligió con cuidado el más fino estuche de tabaco. El perfume de las hojas arrugadas compensaba largamente el sacrificio de su pelo.

Al llegar la tarde regresó el marido. Venía cantando por el camino. Traía en su mano un pequeño envoltorio: eran unos peines para su mujer. Los acababa de comprar, tras vender su pipa».

CUESTIONARIO

1 Para la reunión de equipo

1 Si habéis llegado hasta este punto, sin duda habéis hecho un camino juntos, vivido en equipo un proceso. Sería bueno que hicierais juntos una evaluación del trabajo hecho: ¿qué os aportó esta experiencia en equipo? ¿Qué evolución habéis vivido?

2 ¿Qué continuidad podéis dar a una vivencia así, de ayuda mutua entre parejas?

3 Centrándonos en el tema de hoy: comentad cada pareja dos o tres cosas que os hayan interpelado más.

4 *Ser-cristiano-conyugalmente* son tres conceptos que no encuentran fácilmente la unidad en nuestras vidas. Demasiadas veces son compartimentos estancos. ¿Lo son en nuestra vida? ¿Qué nos puede ayudar —después de este recorrido— a integrarlos?

5 ¿Podéis decir con verdad que vuestro proyecto de matrimonio es realmente vuestro, de los dos y no solamente de uno? ¿Habéis vivido una evolución en este punto?

6 La fidelidad se identifica con resignación y aguante. «Permanecer en el amor» exige una fuerte purificación personal que no siempre es fácil y preferimos realizarnos, por eso, de otros modos. ¿Qué sentís vosotros?

2 Para el diálogo en pareja

1 El amor conyugal supone el jugárselo todo el uno por el otro para siempre, en cualquier circunstancia. Sería bueno que en este último diálogo que os propongo os lo dijerais, una vez más, el uno al otro.

2 ¿Tenéis la experiencia de habéroslo dado todo, de haber dado lo mejor de vosotros mismos, como la viuda pobre del Evangelio, como la pareja del poema final?

3 ¿Podéis precisar en unos pocos términos cuál es *vuestro* proyecto de matrimonio? ¿Lo tenéis suficientemente abierto a Dios?

4 Recordad vuestra historia de amor. Precisad los grandes momentos de vuestro proceso. ¿Verdad que no dejáis entrar a la rutina?

5 Si habéis tenido la paciencia de realizar estos doce diálogos que os he ido proponiendo, ¿podéis evaluar lo realizado? ¿Qué os proponéis para un futuro diálogo sin preguntas delante?

6 Hoy más que nunca, celebradlo.

Del mismo Autor
en la misma colección

JUSTO A MÍ ME TOCÓ SER YO

Lo que todos vivimos
entre los 12 y los 18 años

96 páginas/2.ª edición

DEJAR SER

Educar
desde el encuentro personal

128 páginas/2.ª edición

LA CENA
QUE RECREA Y ENAMORA

Para ayudarse
en la oración personal

83 páginas/2.ª edición

Distribución: CESMA S.A. - Aguacate 25 - 28044 Madrid

Del mismo Autor
en la colección *Cuadernos para Educar*

EJERCICIOS PARA JÓVENES

Experiencias y esquemas de trabajo

132 páginas/4.ª edición

HOGARES EN ORACIÓN

25 esquemas de oración familiar

160 páginas/2.ª edición

Distribución: CESMA S.A. - Aguacate 25 - 28044 Madrid